Entführung in den Serail

Die traditionelle türkische Küche

von

Özcan Ozan

~~~~~~~~~~~~~~~~~~~~

Fotos von

Carl Tremblay

~~~~~~~~~~~~~~~~~~~~

Aus dem Amerikanischen von

Dinka Mrkowatschki

Droemer

~~~~~~~~~~~~~~~~~~~~~~~

Ich widme dieses Buch meiner Frau Faith Ozan
in Dankbarkeit für Geduld, Unterstützung
und Ermutigung, sowie meinen Söhnen Evren und
Aydin Ozan und meiner Mutter Müşerref Ozan.

ORIGINALTITEL:
The Sultan's Kitchen. A Turkish Cookbook

ORIGINALVERLAG:
Periplus Editions

SATZ: Gloor Satz Repro GmbH München
Printed in Singapore

ISBN 3-426-27110-9

5 4 3 2 1
~~~~~~~~~~~~~~~~~~~~~~~

Inhalt

Vorwort

Während meiner Kindheit, die ich am Ägäischen Meer verbrachte, war ich natürlich viel zu sehr mit dem Kindsein beschäftigt, um meine Umgebung bewußt zu genießen.

Doch wenn ich jetzt, als Erwachsener, der in einem anderen Land lebt, zurückdenke, bin ich sehr dankbar für die zahllosen ägäischen Einflüsse, die meine frühen Jahre prägten, und ganz besonders für die, die meine Leidenschaft für gutes Essen förderten.

İzmir – die Stadt, in der ich aufwuchs – ist das Smyrna der Antike. Die vielen griechischen und römischen Ruinen sind für die Einwohner ein selbstverständlicher Teil der Stadt. Der Glanz des Osmanischen Reiches hat seine Spuren in Kunst und Architektur der Stadt, in Lebensweise und Küche hinterlassen.

Die türkische Küche zählt zu den großen nationalen Küchen, und ihre Geschichte ist lang und vielfältig. So entstand eine große Zahl von Gerichten, deren Aroma für den westlichen Gaumen gleichzeitig vertraut wie auch ungewohnt ist. Trotz ihrer alten Wurzeln ist die türkische Ernährungsweise, auch nach heutigem Standard, sehr gesund, denn sie ist sehr abwechslungsreich und verwendet fast ausschließlich frische Zutaten.

Der mediterrane Brauch, täglich in kleinen Krämerläden, offenen Bazars und bei Straßenhändlern einzukaufen, schafft ein lautes, farbenfrohes, mit zahllosen Gerüchen geschwängertes Ambiente. Gemeinsame Abendmahlzeiten sind der Kern türkischen Familienlebens. Die zahlreichen Cafés und Restaurants in den Straßen und am Meeresufer bieten tausend Gelegenheiten, sich bei gutem Essen und Trinken zu unterhalten. Wenn ich also mit einiger Wehmut zurückblicke, dann glaube ich, daß diese schöne Gegend, die klassische und die osmanische Kultur, die Allgegenwart guten Essens und seine große Rolle in Familie und Gesellschaft dazu beigetragen haben, daß ich Koch wurde.

Wie bei vielen professionellen Köchen war mein erster Lehrer meine Mutter. Ich wurde bescheiden und traditionell erzogen, und wir lebten sehr einfach. Meine Mutter stammte aus einem kleinen Dorf in der Nähe von İzmir und brachte traditionelle ländliche Rezepte und klare, hohe Maßstäbe für Frische und Abwechslung mit in die Stadt, nicht zuletzt auch Achtung vor dem Essen. Sie nahm mich oft auf ihre Einkaufsexpeditionen mit (die manchmal Stunden dauerten), wenn sie Gemüse, Früchte, Käse, Oliven, Getreide, Wildgemüse, Kräuter, Gewürze, Geflügel und Fisch begutachtete und auswählte. Zu Hause machte sich meine Mutter dann an die Arbeit, verbrachte viele Stunden mit der Zubereitung von großen Familienmahlzeiten mit gefüllten, in Olivenöl gegarten Gemüsen, Böreks, Gemüseeintöpfen mit Fleisch, herzhaften Suppen, Pilaws, vielen Gerichten aus Auberginen (besonders im Sommer) und Puddings.

Schließlich wurde ich allein zum Einkaufen geschickt (was mich sehr stolz machte), und aus meinem Interesse am Kochen wurden Sommerjobs in Urlaubshotels an der Ägäis. Ich erinnere mich, wie mich als Teenager der Arbeitsablauf in diesen großen Küchen faszinierte und wieviel Freude ich an den vielen Facetten der Essenszubereitung und der Kameradschaft des Personals hatte.

Später ging ich nach Europa und kochte dort sechs Jahre lang, dann kehrte ich nach İzmir zurück und kochte dort weitere vier Jahre.

Als ich Anfang der achtziger Jahre nach Boston kam, öffnete sich die Stadt gerade für die Küche anderer Nationen, auch wurde gesundheitsbewußtes Essen zu einem großen Thema. Ich mietete ein Lokal im Financial District von Boston und eröffnete »Sultan's Kitchen«.

Es war nicht nur das erste türkische Restaurant Bostons, sondern auch das erste mit offener Küche, so wie es in den Restaurants an der Ägäis üblich ist.

»Sultan's Kitchen« besteht nunmehr seit über sechzehn Jahren, und ich bin in dieser Zeit meinen Zielen immer treu geblieben.

Ich genieße es, neue Gäste in die türkische Küche einzuführen, sie durch Musik und Ambiente ein klein wenig mit der türkischen Kultur vertraut zu machen, und – das Wichtigste – den hohen Standard und die Authentizität türkischer Kochkunst aufrechtzuerhalten, die ich als Kind kennengelernt habe. Ich passe meine Speisekarte immer dem Angebot des Markts an, und ich hoffe, daß sich eines nie ändert: mein Anliegen, Qualität und geschmackvolle Präsentation zu erhalten.

Mit diesem Kochbuch möchte ich die Rezepte des »Sultan's Kitchen« einem breiteren Publikum zugänglich machen und Novizen in der türkischen Küche in ein einmaliges, köstliches kulinarisches Erlebnis einführen, das zudem Gesundheit und Wohlbefinden steigert.

Einführung

Man muss eigentlich nicht besonders betonen, daß man in der Türkei gut ißt. Gutes Essen ist ein wichtiger Teil türkischer Kultur, und wenn Sie durch die Straßen irgendeiner Stadt gehen, werden Sie dies überall mit Augen und Nase feststellen können. Teestuben und Straßencafés gibt es in Hülle und Fülle. Bunte Straßenmärkte, kleine Spezialitätengeschäfte, Bäckereien, Straßenverkäufer und der tägliche Einkauf sind für das ganze Land typisch.

Die Türkei liegt teils in Europa, teils in Asien an einem Treffpunkt vieler Kulturen. Istanbul befindet sich am südöstlichen Rand von Europa, und Ankara, die Hauptstadt, in Anatolien auf der kleinasiatischen Halbinsel. Die Türkei hat lange Küsten: im Norden am Schwarzen Meer, im Westen an der Ägäis und im Süden am östlichen Mittelmeer. Im Norden und Süden verlaufen hohe Gebirgszüge parallel zum Meer. Der östliche Teil ist sehr gebirgig, und die Mitte des Landes wird durch ein weitläufiges Plateau gebildet – Anatolien. Im Nordosten grenzt die Türkei an Georgien und Armenien, im Osten an den Iran, im Süden an Irak und Syrien, im Westen an Griechenland und Bulgarien.

Die Türkei ist ein Land mit vielen historischen Kulturen, von denen die Ruinen antiker Städte künden. Die Türken kamen ursprünglich aus Zentralasien und siedelten sich in Kleinasien an, wo sie durch andere Kulturen beeinflußt wurden, etwa von den Hethitern, Griechen, Römern, den Byzantinern und den Seldschuken.

Im Jahr 1453, nach den Maßstäben türkischer Geschichte vor relativ kurzer Zeit, eroberten die Osmanen Konstantinopel und nannten es Istanbul. Das Osmanische Reich beherrschte einen Großteil der mittelalterlichen Welt. Im Topkapı Sarayı in Istanbul entwickelten große Köche die Gerichte, die heute die türkische Küche prägen. Während dieser Zeit waren die kulinarischen Künste am Hof des Sultans ein wichtiger Teil des täglichen Lebens. Mit der grenzenlosen Vielfalt von Fisch, Fleisch, Geflügel, Früchten, Getreide und Gemüse, die es in der Türkei gab, wetteiferten die osmanischen Köche, für die Sultane neue Gerichte zu erfinden. Das Osmanische Reich erreichte den Zenit seiner Macht während der Herrschaft Süleymans des Prächtigen. Schon Mehmet der Eroberer hatte eine Küche mit zwanzig Kuppeln an den Topkapı-Palast anbauen lassen und über tausend Köche beschäftigt. Es war nur natürlich, daß die Hofküche von westlicher Kultur beeinflußt wurde, so wie die Europäer ihrerseits Türkisches übernahmen. Die Straßencafés sind ein Beispiel für eine osmanische Tradition, die nach Europa gebracht wurde. Diese kulinarischen Vorläufer schufen eine vielfältige Küche, die in den Mittleren Osten, auf den Balkan, nach Rußland, Europa und Nordafrika gebracht wurde und Bewunderer und Nachahmer fand.

Türkisches Essen ist wunderbar gewürzt und verfügt über sehr vielfältige Aromen. Die Türken sind gewohnt, gut zu essen, und der Standard der Küche ist sehr hoch. Es gibt einige raffinierte Rezepte, die Geschick und viel Zeit erfordern, aber das meiste ist sehr leicht zuzubereiten. Es gibt einige ungewöhnliche Geschmackskombinationen, und auf schöne Präsentation wird großer Wert gelegt. Die türkische Ernährung ist sehr gesund, weil sie sehr vielfältig ist und mehr Gemüse, Früchte, Hülsenfrüchte und Getreide als Fleisch verwendet. Das wichtigste Merkmal der Küche sind frische Zutaten, deren natürliche Aromen zur Entfaltung gebracht werden. Gemüse und Früchte werden in der Jahreszeit, in der sie geerntet werden, gegessen und täglich frisch eingekauft. Fisch wird noch am Fangtag zubereitet und verzehrt.

Lamm, Fisch und Bohnen sind wichtige Eiweißquellen, und Brot ist ein Hauptnahrungsmittel. Knoblauch, Zwiebeln sowie frische und getrocknete Kräuter werden zum Würzen benutzt. Joghurt wird in Saucen und Getränken verwendet. Käse, besonders Schafskäse und weicher Weißkäse aus Kuhmilch (ähnlich griechischem Feta), ist ebenfalls fester Bestandteil der Mahlzeiten. Die Gerichte variieren mit den Jahreszeiten: Für Sommergerichte werden frische Zutaten verwendet; sie sind leichter und werden gekühlt oder mit Zimmertemperatur serviert. Wintergerichte dagegen sind herzhafter und kräftiger, hier herrschen Wurzelgemüse und Hülsenfrüchte mit verschiedenen Sorten Fleisch vor.

Die Eßgewohnheiten variieren von Region zu Region. Ein typischer Tag beginnt in der Türkei meist mit einem Frühstück, das aus frisch gebackenem Brot, Oliven verschiedener Sorten, Käse und Marmelade besteht. Dann gibt es vielleicht noch weichgekochte Eier oder Böreks, ein gefülltes salziges Gebäck, das man auch den ganzen Tag über ißt. Zum Frühstück wird Tee gereicht.

Sowohl Mittag- als auch Abendessen können mit einer Suppe beginnen. Suppen sind so beliebt, daß es viele spezielle Suppenküchen gibt, die Çorbaçı heißen. Beim Abendessen folgt der Suppe ein Hauptgang mit gegrilltem Fleisch, Huhn oder Fisch, der mit Pilaw und Salat serviert wird. Typische

Desserts sind Fruchtkompott (gedünstete Trockenfrüchte wie Rosinen oder Aprikosen), frische Früchte oder Pudding. Zu besonderen Anlässen oder bei Gesellschaften werden **Meze** aufgetragen: eine Auswahl von Vorspeisen aus Gemüsen der Saison in Olivenöl, aus gefüllten oder pürierten Gemüsen, Meeresfrüchten oder Böreks. Baklava und eine große Reihe anderer süßer Desserts gehören zu einer großen Tafel einfach dazu.

Früher wurde statt Besteck Brot für die Mahlzeiten verwendet, die für die ganze Familie auf einem großen Tablett auf dem Boden serviert wurden. Heute sind die Eßgewohnheiten modern, aber Brot – Pita, Sauerteig- und Fladenbrot, um nur einige Sorten zu nennen – ist immer noch ein wichtiger Teil jeder Mahlzeit. Das beste Brot findet man außerhalb der Städte in kleinen Dörfern, weil hier die Massenproduktion noch nicht Einzug gehalten hat.

Tagsüber kauft man sich Böreks als Snack in Garküchen, die **Börekçi** heißen. Zu Börek trinkt man **Ayran**, ein erfrischendes, säuerliches Joghurtgetränk. Türkischen Tee serviert man den ganzen Tag über.

Jede Region der Türkei hat ihren eigenen Kochstil und ihre Spezialitäten. In der Osttürkei und in Anatolien ist das Essen robust und würzig, nicht beißend scharf wie Cayennepfeffer, sondern anregend. In vielen Teilen der Region benutzt man geklärte Butter, normale Butter und Tierfett zum Kochen, besonders das Fett, das aus Schafsschwänzen gewonnen wird. Ungewöhnliche Zutaten sind dort etwa Melasse, der Saft unreifer Trauben, getrocknete Früchte und Loquats. Bohnen und Joghurt finden ebenfalls häufig Verwendung. Für **Tandir Kebabi** oder **Kuyu Kebabi**, die Spezialität Anatoliens, wird ein junges Lamm in einem fest verschlossenen Erdloch gegart. Die anatolische Küche wird auch in den anderen Teilen der Türkei immer beliebter.

In den westlichen und mediterranen Regionen der Türkei wird mit Olivenöl gekocht, es gibt wenig Fleisch, das immer zusammen mit Gemüse geschmort wird. Olivenöl ist die Hauptzutat; in Olivenöl zubereitete Gemüse sind sehr beliebt, vor allem **Dolmalar** und **Sarmalar**, Rollen aus Blattgemüse, die meist mit Reis, Korinthen, Pinienkernen oder Kräutern gefüllt werden.

Die Regionen am Mittelmeer produzieren den Großteil des türkischen Obstes. İzmir ist bekannt für Feigen, Trauben, die duftenden **Kirkağaç**-Melonen und die großen, süßen Bursa-Pfirsiche. Frische Früchte werden vor und nach den Mahlzeiten oder als Zwischengang gegessen, auch als Kompott, Marmelade und Trockenfrüchte kommen sie auf den Tisch. Ich erinnere mich, wie ich als Kind mit meiner Mutter Feigen pflückte. Wir haben sie getrocknet und im Winter jede mit einer Walnuß gefüllt; man aß sie als Dessert.

~Auf dem Markt: Frische Auberginen und grüne Bohnen

Olivenbäume gibt es in den Mittelmeerregionen der Türkei überall. Sie produzieren alle Sorten Oliven: schwarze, grüne, rötlich-braune, beige und rosa, die alle Mahlzeiten begleiten. Sie werden meist mit ein paar Tropfen Öl, einem Spritzer Zitronensaft und einer Prise getrocknete Kräuter gewürzt.

In diesen Küstenregionen gibt es natürlich reichlich Fisch und viele Arten, ihn zuzubereiten. Fast jede Familie hat einen Holzkohlengrill, selbst in den Hochhäusern – dort steht er auf dem Balkon.

Die Aromen der Türkei sind so breitgefächert wie seine vielen ethnischen und kulturellen Wurzeln. Einige Rezepte sind schon Jahrhunderte alt, und alle haben sich im Lauf der Zeit und durch neue Kochtechniken verändert. Trotzdem sind diese Gerichte nach wie vor einzigartig, was ihre Bekömmlichkeit und die vielfältigen Aromen angeht.

Die Rezepte, die ich hier gesammelt habe, sind eine Kostprobe türkischer Küche. Ich freue mich, sie mit Ihnen teilen zu können, und heiße Sie in der Welt der türkischen kulinarischen Genüsse willkommen.

Menüvorschläge

ALLE MENÜS SIND FÜR 4–6 PORTIONEN BERECHNET.

Sommerliches Abendmenü

SUPPE: Yayla Çorbası (Joghurtsuppe mit Reis und Minze, S. 60)
VORSPEISE: Imam Bayıldı (Gefüllte Auberginen, S. 19)
HAUPTGANG: Izgara Kılıç Şiş Kebabı (Schwertfischspieß vom Holzkohlengrill, S. 110) mit Peyaz Pilav (Weißer Reispilaw, S. 115)
SALAT: Çoban Salatası (Hirtensalat, S. 127)
DESSERT: Yeşil Fıstıklı Revani (Pistazien-Grieß-Kuchen, S. 139) mit Türk Kahvesi (Türkischer Kaffee, S. 150)

Winterliches Abendmenü

SUPPE: Ezogelin Çorbası (Rote-Linsen-Suppe mit Bulgur und Minze, S. 66)
VORSPEISE: Zeytinyağlı Yerelması (Topinambur in Olivenöl, S. 24)
HAUPTGANG: Paşa Köftesi (Köfte des Pascha, S. 76) mit Acılı Bulgur Pilavı (Bulgurpilaw mit Paprika und Tomaten, S. 120)
SALAT: Beyaz Turp Salatası (Japanrettichsalat, S. 128)
DESSERT: Baklava (S. 137) und Türk Kahvesi (Türkischer Kaffee, S. 150)

Sommerliches Mittagsmenü

Zu diesem Menü paßt das Sauerkirschengetränk Vişne Şerbeti (S. 151) oder das Joghurtgetränk Ayran (S. 151).
VORSPEISE: Patlıcan Biber Tavası Yoğurtlu Sarmısaklı ve Domates Soslu (Gebratene Auberginen und grüne Paprika mit Joghurt-Knoblauch- und Tomatensauce, S. 20)
HAUPTGANG: Baharatli Izgara Köfte Şiş Kebabı (Hackfleischspieße vom Holzkohlengrill, S. 77) mit Nohutlu Pilav (Reispilaw mit Kichererbsen, S. 115) und Soğan Piyazı (Zwiebelrelish, S. 15)
SALAT: Hindiba Salatası (Löwenzahnsalat, S. 124)
DESSERT: Keşkül (Mandelpudding, S. 147)

Winterliches Mittagsmenü

VORSPEISE: Acılı Domates Ezemesi (Scharfes Tomatenpüree, S. 19)
HAUPTGANG: Kuzu Etli Kuru Fasülye Güveci (Lamm mit weißen Bohnen im Tontopf, S. 81) mit Peyaz Pilav (Weißer Reispilaw, S. 115)
SALAT: Kereviz Kökü Salatası (Selleriesalat, S. 126)
DESSERT: Tel Kadayıf (Teigfäden mit Walnüssen, S. 140)
GETRÄNK: Türk Çayı (Türkischer Tee, S. 150)

~VORHERGEHENDE SEITE: Sommerliches Mittagsmenü, serviert mit Rosinenkompott (S. 150) und türkischem Landbrot (S. 46)

Türkische Zutaten

Die meisten Zutaten für die türkische Küche sind nicht ungewöhnlich; sie sind in gut sortierten Supermärkten, Gemüsemärkten oder Feinkostläden zu finden. Und wenn Sie einen türkischen oder griechischen Laden in der Nähe haben, werden Sie auch die weniger bekannten Ingredienzien leicht bekommen.

Auberginen (Patlican): Es gibt eine Fülle türkischer Gerichte mit Auberginen. Die lang-ovalen Sorten, deren Farbe von Purpur fast bis Schwarz reicht, werden gefüllt oder in Eintöpfen und Pilaws verwendet. Runde Auberginen, Bostan Patlıcan genannt, werden zur Zubereitung von Beğendi verwendet, einem Auberginenpüree, das als Beilage zu Fleisch gereicht wird.
Wenn Sie Auberginen kaufen, prüfen Sie, ob die Haut fest, glatt und ohne dunkle Flecken ist. Die Stiele sollten grün und frisch sein.
Da Auberginen Bitterstoffe enthalten, ist es ratsam, sie vor der Verwendung mit Salz zu behandeln:
Die Auberginen in Scheiben schneiden, auf beiden Seiten großzügig salzen und nebeneinander auf ein Tuch legen. 30 Minuten ziehen lassen, dann die Scheiben unter fließendem kaltem Wasser abspülen. Die Scheiben vorsichtig ausdrücken und mit Küchenpapier trockentupfen.

Beyaz Peynir: Dieser halbfeste türkische Weißkäse (seine griechische Version ist der Feta) wird aus Schafs- oder Kuhmilch hergestellt und in Salzlake eingelegt.
Es gibt harte und weiche Sorten, auch kann der Salzgehalt erheblich variieren. Der beste Beyaz Peynir in der Türkei kommt aus Edirne im Nordwesten.
Bevor man Beyaz Peynir verarbeitet, sollte man seinen Salzgehalt verringern. Schneiden Sie den Käse in Scheiben, und bedecken Sie sie etwa 30 Minuten mit warmem Wasser, das Sie mehrmals wechseln.

Bohnen und Erbsen: Bohnen und Erbsen – frisch und als trockene Hülsenfrüchte – nehmen in der türkischen Küche einen wichtigen Platz ein. In der Türkei werden teils bei uns unbekannte Sorten verwendet, die Rezepte nennen jedoch ohne weiteres verwendbare gängige Sorten.
Getrocknete Bohnen und Erbsen müssen über Nacht eingeweicht werden, um die Kochzeit zu reduzieren. Die Bohnen waschen, Steinchen und Schmutz entfernen, dann in einen Topf oder eine Schüssel mit kaltem Wasser geben, das 5 cm über den Bohnen stehen sollte. Bei Zimmertemperatur stehen lassen; wenn es sehr warm ist, in den Kühlschrank stellen. Über Nacht (8–10 Stunden) weichen lassen und alles, was an der Oberfläche schwimmt, entfernen. Am nächsten Tag das Wasser abgießen und die Bohnen noch einmal waschen.
Wenn Sie keine Zeit haben, Bohnen einzuweichen, dann hilft die Schnellmethode: 1 Teil Bohnen mit 3 Teilen Wasser in einem großen Topf 2 Minuten kochen. Den Topf vom Feuer nehmen und die Bohnen vor der weiteren Zubereitung 1 Stunde ziehen lassen.

Bulgur (Weizenschrot): Dieses Weizenprodukt gibt es als feinen oder groben Grieß. Man macht daraus verschiedene Pilaws oder verwendet ihn als Zutat für Salate. Nehmen Sie feinen für Salat und groben für Pilaw.

~ ERSTE REIHE VON OBEN: Safran, Pistazien, Mastix, Mandeln
ZWEITE REIHE: Pinienkerne, Baharat, Schwarzkümmel, Vanillekristalle
DRITTE REIHE: ganzer und gemahlener Sumak, getrocknete Minze, roter Paprika aus Maraş, rote Linsen
VIERTE REIHE: gemahlener Kreuzkümmel, roter Paprika aus Gaziantep, Anissamen

GEKLÄRTE BUTTER (SÜZME YAĞ): Geklärte Butter enthält keine »Verunreinigungen«, die beim Erhitzen leicht verbrennen und schwarz werden. Ich bevorzuge geklärte Butter für alle Gerichte, die geschmolzene Butter vorschreiben, besonders beim Backen. Desserts wie Baklava halten sich bei Zimmerwärme länger, wenn sie mit geklärter Butter gemacht sind, da die Milchbestandteile, die leicht sauer werden, entfernt wurden. Bei allen Rezepten, bei denen geklärte Butter verlangt ist, können Sie auch normale Butter verwenden (außer bei den Desserts).
Um Butter zu klären, schmelzen Sie sie bei niedriger Hitze, bis sich weißer Schaum an der Oberfläche bildet. Den Schaum abschöpfen und wegwerfen. Die geklärte Butter vorsichtig in eine Schüssel gießen, damit die Milchbestandteile, die sich im Topf absetzen, zurückbleiben. Am einfachsten aber verwenden Sie fertig gekauftes Butterschmalz (Butterfett).

FAVA-BOHNEN (TAZE BAKLA): Im Sommer werden frische junge Fava-Bohnen gekocht, in Olivenöl geschmort und mit Joghurt oder Joghurt-Knoblauch-Sauce serviert (S. 13). Ältere Bohnen werden geschält und gekocht. Getrocknete Fava-Bohnen gibt es das ganze Jahr, und zwar zwei Sorten: große braune und kleine hellgrüne oder weiße. Sie müssen vor dem Kochen eingeweicht werden.
Fava-Bohnen heißen auch dicke Bohnen, Puff- oder Saubohnen. Sie sind im Sommer frisch zu bekommen und tiefgefroren das ganze Jahr über.

FISCH: Am besten schmeckt natürlich immer ganz frischer Fisch. Wenn Sie Fisch im ganzen kaufen, sollte das Auge klar sein, nicht trüb, die Kiemen leuchtend rot und offen. Prüfen Sie, ob die Haut glänzt und das Fleisch fest ist.
Bei Filets muß das Fleisch fest sein, es sollte nicht schwammig sein oder gar nach Ammoniak riechen. Schwertfischsteaks sollten weiß bis leicht rosa und fest sein.

KADAYIF: Kadayıf ist ein Gespinst von einer Art hauchfeiner Fadennudeln und wird für bekannte Süßspeisen wie Tel Kadayıf verwendet. Der dünnflüssige Teig aus Mehl, Milch und Wasser wird durch ein feines Sieb auf eine heiße, sich bewegende Stahlplatte gegossen, wodurch die charakteristischen langen, »gewickelten« Fäden entstehen. Sie finden Kadayıf in türkischen Geschäften.

KAŞAR: Dieser halbfeste Käse aus Schafs- oder Kuhmilch ist hellgelb, glatt und feinwürzig. Es gibt ihn von mild bis scharf, und er ähnelt dem Cheddar und dem Gouda, die einen akzeptablen Ersatz darstellen. Der beste Kaşar kommt aus der osttürkischen Stadt Kars und aus Edirne im Nordwesten.

FRISCHER KORIANDER (KIŞNIŞ): Dieses Kraut, das wie eine kleine, zartere Ausgabe von glatter Petersilie aussieht, wird in den südlichen und östlichen Teilen der Türkei häufig verwendet. Man bekommt es in unseren Landen auch unter seinem spanischen Namen Cilantro. Es verleiht Pilaws, Salaten und Suppen einen unverkennbaren Geschmack. Sie können es bis zu einer Woche aufbewahren, wenn Sie die Korianderstiele ins Wasser stellen, eine Plastiktüte darüberstülpen und alles in den Kühlschrank geben.

SCHWARZKÜMMEL (ÇÖREK OTU): Diese schwarzen Samen haben ein unvergleichliches, sehr intensives Aroma. In der Türkei streut man sie vor dem Backen auf Fladenbrot und andere Brotsorten.

LAMM: Lamm ist das beliebteste Fleisch in der Türkei, es wird in größeren Mengen als Rind oder Huhn verzehrt. Je jünger das Lamm, desto besser. Wenn es über neun Monate alt ist, wird es als Hammel verkauft; sein Fleisch ist wesentlich dunkler. Gutes Lamm sollte rosarotes Fleisch und reinweißes Fett haben. Kaufen Sie Lamm aus Australien oder Neuseeland; türkische Supermärkte bieten exzellente Qualität. Am Knochen wird das Fleisch beim Braten aromatischer.

MASTIX (SAKIZ): Mastix ist ein blaßweißes Harz, das vom immergrünen Mastixstrauch gewonnen wird. Man kaut es wie Kaugummi. Es hat einen feinen Geschmack, der an Pinien erinnert, und man aromatisiert damit Puddinge und Eiscremes. Sie bekommen es in türkischen Läden oder in der Apotheke.

GETROCKNETE MINZE (KURU NANE): Eine sehr beliebte Zutat der türkischen Küche. Getrocknete Minze wird weit häufiger verwendet als frische.

OLIVENÖL: Olivenöl ist eine weitere unerläßliche Zutat für die türkische Küche. Aus dem Mittelmeerraum kommt eine ungeheure Vielfalt an Olivenölen, die sich in Farbe, Aroma und Duft unterscheiden, je nachdem wo die Oliven wachsen, welche Sorten verwendet werden und wie das Öl gewonnen wird. Wo Olivenöl kalt verwendet wird – in Salaten, Marinaden und Dressings und zum Würzen –, benützen Sie am besten »natives Öl extra« (z. B. italienisches Öl »extra vergine«). Zum Braten und Fritieren ist ein leichtes Olivenöl geeignet, das nach der zweiten Pressung gewonnen wird und wenig Eigengeschmack hat.

PINIENKERNE (ÇAM FISTIĞI): Eine sehr beliebte Zutat für Pilaws und Füllungen, etwa für gefülltes Gemüse (Sarmalar, Dolmalar). Diese kleinen blaßgelben, nußähnlichen Früchte entfalten ihr Aroma am besten, wenn man sie zuerst leicht mit Butter oder Olivenöl in der Pfanne bräunt. Die besten Pinienkerne haben eine längliche, gleichmäßige Form.

ROSENWASSER (GÜL SUYU): Das aus duftenden Rosenblättern destillierte Rosenwasser wird in der türkischen Küche zum Aromatisieren von Milchpudding, Getränken und Sirupen verwendet. Zu finden in Asienläden oder in türkischen Geschäften. Nicht mit Rosenwasser zu kosmetischen Zwecken verwechseln!

SUMACH (SUMAK): Die getrockneten, gemahlenen roten Beeren des Gerbersumachs geben Gerichten einen leicht zitronigen, säuerlichen Geschmack. Sumak wird auch bei Tisch gereicht und über gegrilltes Fleisch, Huhn und Salate gestreut.

SÜZME YOĞURT (DICKER JOGHURT): Auf türkisch auch Torba Yoğurdu (»Sack-Joghurt«) genannt. Man läßt Joghurt abtropfen, wodurch er eine dicke, cremige Konsistenz bekommt. Er wird für Kräuterdips und zum Kochen verwendet. Für 1/4 l Süzme Yoğurt brauchen Sie 3/4 l (5 Becher) normalen Joghurt. Sie legen ein großes Sieb mit doppeltem Mulltuch aus, stellen das Sieb in eine große Schüssel, gießen den Joghurt in das Sieb und lassen ihn abtropfen. Innerhalb einer Stunde dickt der Joghurt allmählich ein. Stellen Sie das Sieb mit dem Joghurt über Nacht in den Kühlschrank, wenn Sie eine ganz dicke Konsistenz brauchen.

TAHIN, TAHINI (SESAMMUS): Wird aus gemahlenen Sesamkörnern gemacht. Es gibt helle und dunkle Sorten, letztere aus gerösteten gemahlenen Sesamkörnern. In der türkischen Küche verwendet man helles Tahin für die Zubereitung von Hummus. Sie finden es in Dosen oder Gläsern in türkischen Läden und in Reformhäusern.

TOMATEN: Kaufen Sie immer Tomaten, die fest sind und leuchtendrote Haut haben. Einige Rezepte verlangen enthäutete und entkernte Tomaten. Um große Mengen Tomaten schnell zu schälen, gibt man sie 30 Sekunden in kochendes Wasser und taucht sie sofort 20 Sekunden in Eiswasser. Dann ritzt man mit einem scharfen kleinen Messer die Haut ein, die aufplatzt. Sie können sie in Streifen abziehen und den Stielansatz kegelförmig ausschneiden. Die Tomaten trockentupfen. Wenn Sie sie in einem kalten Gericht verwenden wollen, kalt stellen. Zum Entkernen die Tomaten in Viertel schneiden und die Samen mit den Fingerspitzen herauskratzen.

TÜRKISCHER ROTER PAPRIKA (KIRMIZI ACI BIBER): Dieser gemahlene oder flockenförmige rote Paprika ist wie Knoblauch und Zwiebel ein Gewürz, das in der türkischen Küche eine ganz besondere Stellung hat; er wird in den verschiedenartigsten Gerichten verwendet. Er ist von relativ grober Konsistenz und gibt Gerichten Aroma, Schärfe, einen raffinierten Paprikageschmack und rötliche Farbe. Es gibt ihn sehr scharf, mittelscharf bis mild und süß, und er kann hellrot, dunkelrot, violettrot und sogar schwarz sein.
Der beste Paprika wächst in der südöstlichen Türkei nahe den Städten Maraş, Gaziantep und Urfa, und der Paprika jeder Region hat sein typisches Aroma und seine Farbe. Der rote Paprika von Urfa wird geröstet, das so gewonnene Gewürz ist schwarz. In Maraş wird der Paprika zerquetscht und mit Öl verrieben, um sein Aroma aufzuschließen. Das Gewürz ist sehr aromatisch und dunkelrot. In Gaziantep ist der Paprika milder und von hellerem Rot.
Der Südosten der Türkei ist bekannt für seine scharfen Gerichte. In anderen Regionen der Türkei nehmen die Köche für mildere Versionen einfach weniger Paprika. Aber keine Angst vor dem türkischen roten Paprika, er ist eher aromatisch als scharf. Sie bekommen ihn in jedem türkischen Geschäft. Als Ersatz ist scharfer Rosenpaprika verwendbar.

VANILLEKRISTALLE: Dieses feine weiße Pulver hat ein intensiveres Aroma als Vanilleextrakt und enthält keinen Alkohol wie dieser. Als Ersatz die doppelte Menge Vanilleextrakt verwenden.

WEINBLÄTTER (ASMA YAPRAĞI SALAMURASI): In den Mittelmeerregionen der Türkei pflückt man die Weinblätter für den Eigenbedarf selbst. Nach dem Säubern werden die Blätter in Wasser mit Meersalz gekocht. Dann werden sie in Salzlake gelegt, in der sie sich bis zu 6 Monate halten. Weinblätter finden Sie in Dosen in Supermärkten sowie in türkischen und griechischen Geschäften. Die Weinblätter müssen vor dem Kochen entrollt und eine Minute blanchiert werden, um den Salzgehalt zu reduzieren.

YUFKA: Diese hauchdünnen Teigblätter werden in vielen klassischen türkischen Süßspeisen verwendet, etwa Baklava. Sie werden aus Mehl, Eiern und Wasser gemacht. Man rollt den Teig zuerst mit einem dicken Nudelholz (MERDANE) aus und anschließend mit einem sehr dünnen, das OKLAVA heißt. Es gibt den Teig in verschiedenen Stärken, die dickeren Sorten verwendet man für Böreks.
Yufka-Teigblätter erhalten Sie in türkischen und griechischen Geschäften (in letzteren unter dem Namen Fyllo-Teig). Unmittelbar bis zur Verwendung in ein feuchtes Tuch eingeschlagen lassen, da er sonst leicht bricht.

~ Türkischer roter Paprika

Saucen und Dressings

Die Saucen der türkischen Küche sind meist sehr einfach und frisch. Nur selten läßt man eine Sauce längere Zeit kochen. Die meisten Saucen werden, um die Frische der Tomaten und der Kräuter zu garantieren, erst unmittelbar vor dem Servieren zubereitet.

Gemahlene Pinienkerne, Knoblauch, Olivenöl und Zitrone werden zu Beyaz Fıstıklı Tarator (S. 13) vermengt, einer exquisiten kalten Sauce, die zu gegrilltem Fisch und Meeresfrüchten gereicht wird.

Terbiye (S. 15), eine Eier-Zitronen-Sauce von samtiger Konsistenz und würzigem Geschmack, wird gerne zu Dolmalar und Sarmalar gereicht. Joghurt wird – rein oder mit Knoblauch gewürzt (Sarmısaklı Yoğurt Sos, S. 13) – häufig als einfache Sauce zu gegrilltem Fleisch und Gemüsen gereicht, ebenso zu Pilaws, pikantem Gebäck sowie auf Spinat oder Mangold.

Die besten Salatsaucen bestehen immer aus nativem Olivenöl, etwas Zitronensaft oder Essig; was variiert, sind die Kräuter, mit denen sie gewürzt werden.

Zeytinağli Salata Sosu

OLIVENÖL-ZITRONEN-SAUCE

Ergibt ca. 0,4 l

- 8 EL Zitronensaft
- 2 Knoblauchzehen, zerdrückt
- 1 EL getrockneter oder frischer Oregano
- 6 EL glatte Petersilie, grob gehackt (optional)
- 1/4 l natives Olivenöl extra
- Salz, schwarzer Pfeffer aus der Mühle

Zitronensaft, Knoblauch, Oregano und, falls gewünscht, die Petersilie in einer kleinen Schüssel mischen. Olivenöl langsam mit dem Schneebesen unterschlagen, mit Salz und Pfeffer würzen. Wenn das Aroma zu intensiv ist, etwas kaltes Wasser zugeben. 20 Minuten kalt stellen und vor dem Servieren noch einmal mit dem Schneebesen durchschlagen.

Yayla Salata Sosu

SALATSAUCE NACH ART DER HOCHEBENE

Ergibt ca. 0,4 l

Eignet sich auch als Beigabe zu kaltem Gemüse.

- 1 Becher Joghurt
- 2 Knoblauchzehen, zerdrückt
- 4 EL frische Minze, grob gehackt
- 4 EL Zitronensaft
- 0,2 l Olivenöl
- Salz, schwarzer Pfeffer aus der Mühle

Joghurt, Knoblauch, Minze und Zitronensaft in einer kleinen Schüssel mischen. Mit Salz und Pfeffer würzen. Mit dem Schneebesen langsam Olivenöl unterschlagen. Sollte die Sauce zu kräftig sein, etwas kaltes Wasser hinzufügen. 20 Minuten im Kühlschrank kalt stellen, kurz vor dem Servieren noch einmal mit dem Schneebesen durchschlagen.

Zeytinyağli Sirkeli Salata Sosu

OLIVENÖL-ROTWEINESSIG-DRESSING

Ergibt ca. 0,4 l

- 2 Schalotten, fein gehackt
- 2 Knoblauchzehen, zerdrückt
- 1 EL getrockneter Oregano
- 1/8 l Rotweinessig
- 1/4 l natives Olivenöl extra
- 2 EL glatte Petersilie, fein gehackt
- Salz, schwarzer Pfeffer aus der Mühle

Schalotten, Knoblauch, Oregano und den Rotweinessig in einer kleinen Schüssel mischen. Langsam das Olivenöl mit einem Schneebesen unterschlagen. Wenn die Sauce zu kräftig ist, etwas kaltes Wasser zufügen. Etwa 20 Minuten kalt stellen und vor dem Servieren noch einmal mit dem Schneebesen durchschlagen.

Ege Salata Sosu

ÄGÄISCHE SALATSAUCE

Ergibt 1/2 l

- 1 Bund Brunnenkresse, geputzt und fein gehackt
- 1/8 l Weißweinessig
- 4 EL grüne Oliven ohne Kern, fein gehackt
- 1/4 l natives Olivenöl extra
- 125 g Feta, zerkrümelt
- Salz, schwarzer Pfeffer aus der Mühle

Von der Brunnenkresse den groben Teil der Stiele entfernen, nur Blätter und den zarten Teil der Stiele feinhacken. Kresse, Weißweinessig und grüne Oliven in einer kleinen Schüssel mischen. Mit Salz und Pfeffer würzen. Mit dem Schneebesen langsam das Olivenöl unterschlagen. Den Feta zugeben und gut durchrühren. Wenn die Sauce zu kräftig ist, etwas kaltes Wasser zufügen. Das Dressing etwa 20 Minuten kalt stellen und vor dem Servieren noch einmal mit dem Schneebesen durchschlagen.

Sarmisakli Yoğurt Sos

JOGHURT-KNOBLAUCH-SAUCE

Ergibt knapp 1/2 l

Diese beliebte Sauce wird traditionell zu gegrilltem und gefülltem Gemüse serviert, zu Pilaws und Böreks. Außerdem reicht man sie zu Blattgemüsen wie Spinat oder Mangold.

- 3 Becher Joghurt
- 4 Knoblauchzehen, zerdrückt
- Salz

Joghurt, Knoblauch und Salz mit dem Schneebesen in einer kleinen Schüssel glattrühren. Die Sauce zugedeckt mindestens 15 Minuten kalt stellen, damit sich das Knoblaucharoma gut mit dem Joghurt verbindet.

Beyaz Fistikli Tarator

PINIENKERNSAUCE

Ergibt 0,4 l

Servieren Sie diese Sauce zu gegrilltem Fisch oder Fleisch oder als Dip zu rohem Gemüse. Sie schmeckt auch köstlich, wenn Sie statt Pinienkernen gehackte Walnüsse verwenden.

- 200 g Pinienkerne
- 1 Scheibe Weißbrot vom Vortag, ohne Rinde
- 1 TL Knoblauch, zerdrückt
- 1/8 l Zitronensaft
- 1/8 l natives Olivenöl extra
- Salz

Das Brot kurz in Wasser einweichen und gut ausdrücken. Pinienkerne, Knoblauch, Zitronensaft und Brot in den Mixer geben und durchmixen, langsam das Olivenöl zugeben, ebenso 2 EL kaltes Wasser. Mixen, bis die Mischung glatt ist. Salzen. Die Sauce in eine Schüssel geben und vor dem Servieren eine Stunde kalt stellen, damit sich die Aromen verbinden.

Acı Kırmızı Biber Salçası

SCHARFE PAPRIKAPASTE
Ergibt 1/8 l

- 250 g rote Chilischoten
- 250 g rote Paprikaschoten
- 1/2 TL Zucker
- Salz
- 1 EL Weißweinessig
- 1 EL natives Olivenöl extra

Die Chili- und Paprikaschoten halbieren, Samen entfernen. In 3/4 l kochendes Wasser geben und 15 Minuten weich kochen. Abtropfen und abkühlen lassen. Haut abziehen und in einem Mixer pürieren.

Das Püree in eine Pfanne geben, Zucker und Salz zugeben und auf schwacher Hitze offen etwa 20 bis 30 Minuten köcheln lassen. Auf Zimmertemperatur abkühlen lassen. In ein Glas füllen, Essig zugeben und gut durchrühren. Das Öl vorsichtig daraufgießen, damit es eine Schicht auf der Paste bildet. Dicht verschließen und im Kühlschrank aufbewahren (hält sich bis zu 3 Monate).

~ IM UHRZEIGERSINN VON OBEN: Pinienkernsauce (S. 13), Zwiebelrelish (rechts), Ägäische Salatsauce (S. 13)

Terbiye

EIER-ZITRONEN-SAUCE
Ergibt 0,3 l

Diese Sauce wird zu gefüllten Wein- und Mangoldblättern (Sarmalar) sowie zu mit Fleisch gefülltem Gemüse (Dolmalar) gereicht.

- 1/4 l Hühnerbrühe (S. 58) oder Wasser
- 3 Eigelb
- 2 EL Zitronensaft
- 2 TL Stärke
- Salz

Hühnerbrühe in einem kleinen Topf langsam zum Kochen bringen. Währenddessen in einer kleinen Porzellanschüssel Eigelb, Zitronensaft und Stärke verrühren, diese Mischung langsam mit dem Schneebesen in die kochende Brühe rühren. 2 Minuten köcheln lassen, bis sie eindickt. Warm servieren.

Soğan Piyazı

ZWIEBELRELISH
Ergibt 0,4 l

Servieren Sie dieses Relish zu gegrilltem Fleisch oder Fisch.

- 2 mittelgroße rote Zwiebeln
- Salz
- 2 TL Sumak
- 2 TL türkischer Pfeffer oder scharfer Rosenpaprika
- 1 Bund glatte Petersilie

Die Zwiebeln in dünne Scheiben schneiden und in eine Schüssel geben, salzen und mit den Fingern leicht quetschen, bis etwas Saft austritt (dies verbessert die Verbindung der Aromen miteinander). Die Petersilie grob hacken und zusammen mit den anderen Gewürzen gut mit den Zwiebeln vermengen.

Meze – Vorspeisen und Imbisse

Das Berühmteste an der türkischen Küche sind wohl die anscheinend endlosen Variationen heißer und kalter Gerichte, aus denen ein **Meze** besteht. Ein Meze (wörtlich: Tisch) wird oft als ganze Mahlzeit serviert. Es variiert nach Jahreszeit und Ort – das heißt nach Marktangebot –, aber die Vielfalt der Auswahl bleibt konstant. Die Fischrestaurants entlang der Küste machen spezielle Meze mit einer Fülle von Fischzubereitungen, wie Tintenfischen, Shrimps, Oktopus, Muscheln oder dem verlockendsten Gericht – frischen Sardinen in Weinblättern, die man im Spätsommer ißt.
Gemüse der Saison werden in Olivenöl geschmort und mit Kräutern gewürzt, was Zeytinyağlı genannt wird. Dolmalar sind Gemüsesorten wie Paprikaschoten, Artischocken und Auberginen, die mit Reis, Pinienkernen und Korinthen (auch Fleisch) gefüllt werden. Gefüllte Blattgemüse, wie Weinblätter, heißen Sarmalar. (Also nicht mit den Dolmades verwechseln – so heißen die gefüllten Weinblätter in Griechenland.) Zu den Gemüsen gibt es immer die pikante Sarmısaklı Yoğurt Sos (S. 13).
Es gibt eine Vielzahl von Rezepten für Meze aus Auberginen, das wohl populärste Gemüse der Türkei. Für das klassische Gericht Imam Bayıldı werden kleine Auberginen mit Zwiebeln, Knoblauch, Tomate und Petersilie gefüllt. Patlıcan Ezmesi besteht aus pürierten Auberginen – ezmesi heißt »püriert«. Tomaten, Spinat, Kichererbsen, getrocknete und frische Fava-Bohnen werden ebenfalls so zubereitet.
Zu den Meze gehören immer Scheiben von weißem Käse (Beyaz Peynir, ähnlich dem griechischen Feta), enthäutete, in Scheiben geschnittene reife Tomaten, Gurken, Pistazien, Mandeln, Melonen, Oliven mit Kräutern, Olivenöl und Zitronensaft. Außerdem reicht man frisch gebackenes Brot.
Zu Meze wird traditionell der beliebte türkische Anisschnaps **Raki** gereicht, die »Löwenmilch« – er verfärbt sich milchigweiß, wenn man ihn mit Wasser mischt.
Meze sind für ein Gastmahl besonders gut geeignet, weil man die meisten Gerichte ein bis zwei Tage im voraus zubereiten kann. Ein einfacher Meze kann aus drei Gerichten bestehen, zu besonderen Gelegenheiten serviert man eine Auswahl von vier bis fünf Gemüsen (auch gefüllt) neben Böreks, frisch gebackenem Brot und delikaten Salaten. Gelegentlich reicht man auch Fleisch oder Fisch vom Holzkohlengrill. Zu einem »vollständigen« Meze gehören auch Früchte und im Winter Baklava oder andere Süßspeisen.

Acili Domates Ezemesi

SCHARFES TOMATENPÜREE
Für 4–6 Portionen

Diese Spezialität der Osttürkei ist tiefrot und hat ein warmes, reiches Aroma. Wenn es nicht rot genug ist, gibt man etwas Tomatenmark zu. Zu gegrilltem Fleisch, Huhn oder Fisch.

- 4 große Tomaten, enthäutet, entkernt und gehackt
- 3 Frühlingszwiebeln, fein gehackt (auch grüne Teile)
- 1 große Gurke, geschält, entkernt, in kleinen Würfeln
- 2 grüne Paprikaschoten, in kleinen Würfeln
- 1 EL getrocknete Minze
- 4 EL Petersilie, fein gehackt
- 3 EL natives Olivenöl extra
- 2 EL Zitronensaft
- 2 EL Weißweinessig
- 3 EL süßer Paprika
- 1 TL schwarzer Pfeffer aus der Mühle
- 3 TL türkischer roter Paprika oder scharfer Rosenpaprika
- Salz
- Fladenbrot (Pita)

Alle Zutaten außer dem Fladenbrot in einen Mixer geben, 2–3mal kurz mixen (nur so lange, daß die Zutaten zerkleinert und vermischt sind), dann in eine flache Servierschüssel geben und 1 Stunde kalt stellen. Gekühlt oder zimmerwarm mit Fladenbrot servieren.

Imam Bayildi
(»Der Imam fällt in Ohnmacht«)

GEFÜLLTE AUBERGINEN
Für 6 Portionen

Der Legende nach hatte die Frau des Imams dieses Gericht zubereitet, als er zum Mittagessen aus der Moschee kam. Er kostete es und fiel in Ohnmacht – einige meinen vor Begeisterung, andere wegen der teuren Hauptzutat: Olivenöl.

- 6 Auberginen (etwa 1 kg), jede etwa 15–20 cm lang
- 4 mittelgroße Zwiebeln (ca. 400 g), in feinen Scheiben
- 2 große Tomaten, enthäutet, entkernt und gehackt
- 12 Knoblauchzehen, fein gehackt
- 3 kleine grüne Paprika, halbiert und entkernt
- 0,2 l natives Olivenöl extra
- $^1/_4$ l Pflanzenöl
- 1 Bund glatte Petersilie, grob gehackt
- 2 TL Zucker
- Salz, schwarzer Pfeffer aus der Mühle

Den Backofen auf 175 °C vorheizen.
Jede Aubergine teilweise so schälen, daß sich ein Streifenmuster ergibt. Die Stiele dranlassen. Auberginen der Länge nach aufschlitzen, aber nicht durchschneiden. Die Auberginen in eine Schüssel geben, großzügig mit Salz bestreuen und mit kaltem Wasser bedecken. Etwa 20 Minuten weichen lassen.
$^1/_8$ l Öl in einer tiefen Pfanne erhitzen. Zwiebeln, Knoblauch, Petersilie und Zucker einrühren und bei Mittelhitze schmoren, bis die Zwiebeln glasig sind, nicht braun werden lassen. Salzen und pfeffern. 4 EL kaltes Wasser und Tomaten zufügen. Die Hitze reduzieren, zudecken und etwa 12 Minuten unter gelegentlichem Rühren köcheln lassen. Deckel von der Pfanne nehmen und abkühlen lassen.
Die Auberginen mit kaltem Wasser abspülen, behutsam ausdrücken und gut mit Küchenpapier abtupfen.
$^1/_4$ l Pflanzenöl in einer weiteren tiefen Pfanne erhitzen. Die Auberginen darin auf beiden Seiten leicht bräunen, mit einem Schaumlöffel herausheben. Die grünen Paprika in die Pfanne geben und etwa 2 Minuten fritieren.
Die Auberginen mit der offenen Seite nach oben nebeneinander in eine Auflaufform legen. Das Innere salzen, dann jede Aubergine mit der Zwiebelmischung füllen und eine halbe grüne Paprika darauflegen. $^1/_8$ l kaltes Wasser und das restliche Olivenöl darübergießen. Das Ganze mit Pergament abdecken und etwa 40 Minuten backen. Abkühlen lassen und zimmerwarm servieren.

~ Imam Bayıldı

Patlican Biber Tavasi Yoğurtlu Sarmisakli ve Domates Soslu

GEBRATENE AUBERGINEN UND GRÜNE PAPRIKA MIT JOGHURT-KNOBLAUCH- UND TOMATENSAUCE
Für 4–6 Portionen

An Sommernachmittagen sind ganze Stadtviertel vom Geruch bratender Auberginen und grüner Paprika erfüllt.

6 Auberginen (etwa 1 kg)
4 TL Salz
6 mittelgroße grüne Paprikaschoten
$^1/_2$ l leichtes Oliven- oder Pflanzenöl
6 Stengel glatte Petersilie
1 Rezept Joghurt-Knoblauch-Sauce (S. 13)

Tomatensauce
1 EL natives Olivenöl extra
3 Knoblauchzehen, zerdrückt
2 große Tomaten, enthäutet, entkernt und fein gehackt

Stiele der Auberginen abschneiden, dann die Haut zur Hälfte in Längsstreifen abschälen (so daß sich ein Streifeneffekt ergibt). Das Fleisch der Auberginen in 1,5 cm dicke Scheiben schneiden, der Länge nach, quer oder diagonal. Das Salz in 2 l kaltes Wasser geben. Auberginen 20 Minuten im Salzwasser liegen lassen.
In der Zwischenzeit die Tomatensauce zubereiten: Das Olivenöl in einem kleinen Topf erhitzen und den Knoblauch unter Rühren dünsten, bis er weich ist, nicht braun werden lassen. Die Tomaten zugeben, den Topf zudecken und weitere 2 Minuten kochen. Die Sauce beiseite stellen.
Auberginenscheiben mit einem Schaumlöffel aus dem Wasser holen, mit Küchenpapier trockentupfen. Die ganzen grünen Paprika ebenfalls abtrocknen.
$^1/_4$ l Öl in einer Bratpfanne erhitzen; es muß heiß genug sein (ca. 200 °C), damit die Auberginen nicht zu fettig werden. Prüfen Sie die Temperatur, indem Sie eine Auberginenscheibe vorsichtig in das Öl halten; wenn es brodelt, ist es heiß. Die Scheiben auf beiden Seiten etwa 2 Minuten bräunen. Die Pfanne nicht zu voll machen. Aus dem Öl heben und auf Küchenpapier abtropfen lassen. Öl in der Pfanne nach Bedarf auffüllen.
Dann die ganzen grünen Paprika in die Pfanne geben und weich braten. Auf Papiertüchern abtropfen lassen. Das Gemüse abkühlen lassen.
Auberginen und grüne Paprika auf einer Platte anrichten, mit den Petersilienzweigen dekorieren und mit der Tomaten- und der Joghurt-Knoblauch-Sauce servieren.

Patlican Ezmesi

AUBERGINENPÜREE MIT OLIVENÖL UND ZITRONENSAFT
Für 4–6 Portionen

Dieses Gericht schmeckt am besten, wenn die Auberginen auf dem Holzkohlengrill gegart werden – das gibt den charakteristischen Rauchgeschmack.

3–4 große runde Auberginen (ca. 2 kg)
6 EL Zitronensaft
Salz
4 EL natives Olivenöl extra
4 Knoblauchzehen, zerdrückt
4 Stengel glatte Petersilie, grob gehackt
100 g gemischte Oliven
2 Tomaten, geviertelt
1 kleine rote Zwiebel, in feinen Scheiben
Fladenbrot (Pita)

Einen Holzkohlengrill vorbereiten oder Backofen auf 225 °C vorheizen.
Mit einem Spieß in die Auberginen rundum 5 cm tiefe Löcher stechen, damit die Hitze eindringen kann. Auf den Holzkohlen etwa 20 Minuten bzw. bis sie zusammenfallen grillen, gelegentlich wenden; oder auf ein Backblech legen und 40 Minuten im Backofen backen, abkühlen lassen.
$^1/_4$ l kaltes Wasser, 3 EL Zitronensaft und 1 EL Salz vermischen und beiseite stellen.
Sobald die Auberginen so weit abgekühlt sind, daß man sie anfassen kann, auf ein Brett legen und die Haut vom Stiel her abziehen. Haut und Stiele wegwerfen. Das Fruchtfleisch in die Zitronenmischung geben und 10 Minuten beiseite stellen. (Das verhindert eine Verfärbung des Auberginenfleischs.)
Das Fruchtfleisch in ein Sieb geben. Mit der Rückseite eines Holzlöffels überschüssige Flüssigkeit ausdrücken. Wieder in die Schüssel geben, den restlichen Zitronensaft, das Olivenöl und den Knoblauch beifügen, salzen. Die Mischung mit einem Kartoffelstampfer zu einer glatten Paste verarbeiten oder kurz in den Mixer geben. Die Schüssel zudecken, mindestens 15 Minuten ziehen lassen.
Mit Petersilie, Oliven, Tomaten und Zwiebelringen garnieren. Mit Fladenbrot servieren.

Variation

YOĞURTLU PATLICAN EZMESI: Die 3 EL Zitronensaft und das Olivenöl zum Würzen weglassen. Zum Auberginenpüree 0,4 l Süzme Joğurt (S. 36) zufügen. Gekühlt servieren.

~~~~~~~~~~~~~~~~~~~~~~

Patlican Salatasi

SALAT AUS GEGRILLTEN AUBERGINEN

Für 4–6 Portionen

3 große Auberginen (insgesamt ca. 1–1,5 kg)
6 EL Zitronensaft
Salz
500 g Paprikaschoten (4 mittelgroße)
2 Tomaten, enthäutet, entkernt und gehackt
4 Knoblauchzehen, zerdrückt
4 EL glatte Petersilie, grob gehackt
4 EL natives Olivenöl extra

Holzkohlengrill vorbereiten oder Backofen auf 220 °C vorheizen. Die Auberginen wie für Patlıcan Ezmesi (S. 20) vorbereiten. Die Zitronensaftmischung mit 3 EL Zitronensaft zubereiten, das Auberginenfleisch untermischen und 10 Minuten beiseite stellen.

Die grünen Paprika 8 Minuten grillen (gelegentlich wenden), bis sie ganz schwarz sind. Wenn Sie das Backrohr benutzen, 15 Minuten backen. Die Paprika ca. 10 Minuten in einen Plastikbeutel geben, bis die Haut sich löst. Haut abziehen, Kerngehäuse entfernen und Fleisch hacken.

Das Auberginenfleisch in ein Sieb geben und die überschüssige Flüssigkeit ausdrücken. Grob hacken und mit den grünen Paprika, Tomaten, Knoblauch, Petersilie, Öl und dem restlichen Zitronensaft mischen, salzen. Vorsichtig durchrühren, Schüssel zudecken und 30 Minuten kalt stellen. Gekühlt servieren.

~~~~~~~~~~~~~~~~~~~~~~

Zeytinyağli Biber Dolmasi

MIT REIS, PINIENKERNEN UND KORINTHEN GEFÜLLTE GRÜNE PAPRIKA

Für 4–6 Portionen

3 EL Korinthen
3 mittelgroße Tomaten
1/4 l natives Olivenöl extra
4 EL Pinienkerne
1 mittelgroße Zwiebel, fein gehackt
200 g Langkornreis
1 1/2 TL Zucker
2 TL gemahlener Piment
2 TL gemahlener Zimt
2 EL frischer Dill, fein gehackt
8 EL glatte Petersilie, fein gehackt
12 kleine grüne Paprikaschoten (etwa 1,5 kg)
Salz, schwarzer Pfeffer aus der Mühle
Zitronenachtel zum Garnieren

Die Korinthen 15–20 Minuten in warmem Wasser einweichen. In der Zwischenzeit eine Tomate schälen, entkernen und hacken. Die restlichen Tomaten in je 6 Teile schneiden. Beiseite stellen.

1/8 l Olivenöl in einem mittelgroßen Topf auf mittlerer Flamme erhitzen. Pinienkerne zufügen und in ca. 2 Minuten goldbraun rösten. Die Korinthen abseihen und sie mit Zwiebeln, Reis, Zucker, Piment, Zimt und 1/2 l heißem Wasser in den Topf geben. Gut durchrühren, den Topf zudecken und die Mischung auf kleiner Hitze ca. 20 Minuten dünsten lassen; das Wasser soll ganz aufgenommen und der Reis halb gar sein.

Den Topf von der Flamme nehmen und die gehackte Tomate, Petersilie und Dill unterrühren. Salzen und pfeffern.

Vorsichtig von den Paprikaschoten einen Deckel abschneiden, Kerne entfernen. Paprikaschoten mit der Reismischung füllen; sanft hineindrücken und nicht zuviel Füllung nehmen, sonst können die Schoten platzen. Auf jeden Paprika ein Tomatenachtel legen.

Die Paprika aufrecht in einen Topf stellen, in dem sie gerade Platz haben. Das restliche Olivenöl und 1/2 l Wasser darübergießen und die Paprika mit zusammengeknülltem und wieder auseinandergezogenem nassem Pergament bedecken. Einen Deckel zum Beschweren auf das Pergament legen. Zum Kochen bringen, Hitze verringern und eine knappe Stunde köcheln lassen, bis die Paprika weich sind und das Wasser verdunstet ist. Abkühlen lassen. Zimmerwarm mit Zitronenachteln garniert servieren.

ZEYTINYAĞLI YAPRAK SARMASI (YALANCI)

MIT REIS, PINIENKERNEN UND KORINTHEN GEFÜLLTE WEINBLÄTTER

Für 4–6 Portionen

An der ganzen türkischen Mittelmeerküste ein sehr populärer Bestandteil der sommerlichen Meze. Gefüllte Weinblätter schmecken mit frischem Zitronensaft beträufelt besonders gut.
Dieses Gericht heißt auch YALANCI, was »Fälschung« bedeutet, weil Reis, Pinienkerne und Korinthen das Fleisch in der Füllung ersetzen.

1 Dose Weinblätter, abgetropft (ca. 450 g)
4 EL natives Olivenöl extra
2 EL Zitronensaft
Tomatenachtel
glatte Petersilie, gehackt

FÜLLUNG
3 EL Korinthen
2 EL natives Olivenöl extra
3 EL Pinienkerne
1 kleine Zwiebel, fein gehackt
200 g Langkornreis
1 EL Zucker
1 TL gemahlener Piment
1 1/2 TL gemahlener Zimt
1/2 l heißes Wasser
2 EL frischer Dill, fein gehackt
2 EL glatte Petersilie, fein gehackt
Salz, schwarzer Pfeffer aus der Mühle

Korinthen 15 bis 20 Minuten in warmem Wasser einweichen. Abgießen und beiseite stellen.
2 l Wasser zum Kochen bringen, die Weinblätter entrollen und für 2 Minuten ins kochende Wasser geben. Die Blätter mit einem Schaumlöffel herausnehmen und zum Abtropfen über den Rand eines Siebs hängen. Die kleinen Stiele der Blätter mit einem scharfen Messer abtrennen. Beiseite stellen.

Für die Füllung das Olivenöl in einem mittelgroßen Topf erhitzen und die Pinienkerne bei Mittelhitze in 2 Minuten goldbraun rösten. Zwiebel, Korinthen, Reis, Zucker, Piment, Zimt und 1/2 l heißes Wasser zufügen. Die Mischung umrühren, zudecken und etwa 20 Minuten köcheln lassen, bis das Wasser aufgenommen ist. Den Topf vom Feuer nehmen, Dill und Petersilie untermischen, nach Geschmack salzen und pfeffern. Die Füllung 30–40 Minuten abkühlen lassen.
Backofen auf 180 °C vorheizen. 36 Weinblätter auf die Arbeitsfläche legen, mit den Adern nach oben und der Stielseite zu Ihnen zeigend. 1 EL der Füllung an den Rand des Blattes placieren, der zu Ihnen weist. Diesen Rand umschlagen, dann beide Seiten des Blattes über die Füllung schlagen. Aufrollen, aber nicht zu fest, sonst platzen die Pakete.
Eine feuerfeste Kasserolle mit der Hälfte der übrigen Weinblätter auslegen. Die Sarmalar mit dem losen Rand des Blatts nach unten auf die Blätter legen. 1/2 l heißes Wasser, Olivenöl und Zitronensaft darübergießen. Sarmalar mit den restlichen Blättern bedecken. Zerknülltes und auseinandergezogenes nasses Pergamentpapier über die Blätter breiten und mit einem ofenfesten Teller beschweren (er muß so groß sein, daß er eben in das Gefäß paßt). Die Kasserolle zudecken und die Flüssigkeit auf dem Herd zum Kochen bringen; in den Backofen stellen und 45 Minuten backen, bis die Sarmalar gar sind und das Wasser aufgenommen ist.
Die Sarmalar auf eine Platte legen. Zudecken und kalt stellen. Gekühlt servieren. Mit Zitronenachteln, Tomaten und gehackter Petersilie garnieren.

~ IM UHRZEIGERSINN VON OBEN RECHTS: Fischrogenpüree (S. 35), Frische Fava-Bohnen in Olivenöl (S. 29), Mit Reis, Pinienkernen und Korinthen gefüllte Weinblätter (oben), Verschiedene Sorten Oliven

Zeytinyağli Yerelmasi

TOPINAMBUR IN OLIVENÖL
Für 4–6 Portionen

Topinambur, auch Erdartischocke oder Jerusalemer Artischocke genannt, ist ein Wurzelgemüse, das ähnlich wie Ingwerwurzeln aussieht, aber völlig anders schmeckt – nussig und eben ein bißchen wie Artischocke. Sie haben eine beigefarbene bis bräunlich-rote Haut und weißes bis hellbraunes Fleisch. Dieses Wintergericht stammt aus dem westlichen Teil der Türkei.

1 kg Erdartischocken (Topinambur)
2 Zitronen, halbiert
4 EL natives Olivenöl extra
1 kleine Zwiebel, fein gewürfelt
1 Karotte, in Scheiben geschnitten
50 g Langkornreis
2 TL Zucker
2 EL Zitronensaft
3 EL frischer Dill, grob gehackt
Salz
glatte Petersilie, gehackt
Zitronenachtel

Die Topinamburknollen schälen und in 2 bis 4 Stücke schneiden, je nach Größe. Die Stücke mit den Zitronenhälften einreiben und in eine Schüssel kaltes Wasser legen, damit sie sich nicht verfärben.
Das Öl in einem großen Topf erhitzen und die Zwiebel darin weich dünsten, nicht bräunen lassen. Die Karottenscheiben zugeben und 1 Minute schmoren. Topinambur abgießen und mit Reis, Zucker, Zitronensaft und Dill in den Topf geben, salzen. Gut umrühren.
$^1/_2$ l Wasser zugießen, zudecken und 30 Minuten sanft dünsten, bis die Topinambur weich sind. Etwas heißes Wasser nachgießen, wenn die Mischung zu trocken werden sollte. Auf eine Platte geben und abkühlen lassen. Zimmerwarm servieren, mit gehackter Petersilie und Zitronenachteln garnieren.

Zeytinağli Kereviz

SELLERIE MIT GEMÜSE IN OLIVENÖL
Für 4–6 Portionen

Dieses winterliche Gericht wird als Meze oder als Beilage serviert. Achten Sie beim Kauf darauf, daß die Sellerieknollen schwer und fest sind.

4 kleine Sellerieknollen, geschält
1 Zitrone, halbiert
$^1/_8$ l natives Olivenöl extra
12 kleine Schalotten, geschält
2 Karotten, gewürfelt
2 Kartoffeln, gewürfelt
100 g grüne Erbsen
2 TL Zucker
2 EL frischer Dill, gehackt
Salz, schwarzer Pfeffer aus der Mühle
1 EL Mehl
2 EL glatte Petersilie, gehackt
Zitronenachtel

Wurzel- und Stielansatz der Sellerieknollen abschneiden. Die Knollen halbieren und aushöhlen. Mit einer Zitronenhälfte einreiben und in Wasser 15 Minuten weich kochen. Abgießen und in 1,5 cm dicke Scheiben schneiden. Beiseite stellen.
Olivenöl in einem großen Topf erhitzen und die Schalotten bei Mittelhitze in 2 Minuten weich dünsten, nicht braun werden lassen. Karotten, Kartoffeln, grüne Erbsen und 1 l Wasser zugeben, zum Kochen bringen. Salzen und pfeffern. Das Mehl mit 2 EL Wasser verquirlen und unter das Gemüse rühren. Weitere 10 Minuten kochen, bis das Gemüse weich und die Kochflüssigkeit etwas eingedickt ist. Etwas Wasser zugeben, wenn die Mixtur zu trocken wird.
Die Selleriehälften kreisförmig auf einer Platte anordnen. Die Gemüsemischung in die Mitte häufen und die eingedickte Kochflüssigkeit darübergeben. Die Platte zudecken und 1 Stunde kalt stellen. Zimmerwarm oder gekühlt mit einer Garnitur aus gehackter Petersilie und Zitronenachteln servieren.

Zeytinağli Pirasa

LAUCH IN OLIVENÖL
Für 4–6 Portionen

1 kg Lauch
4 EL natives Olivenöl extra
1 kleine Zwiebel, fein gehackt
2 Karotten, in Scheiben geschnitten
8 EL glatte Petersilie, fein gehackt
2 TL Zucker
2 EL Zitronensaft
Salz

Vom Lauch die Wurzeln und 2/3 des Grüns abschneiden. Die harten Außenblätter entfernen. Lauchstangen in 2 cm dicke Scheiben schneiden und gut waschen. Beiseite stellen. Öl in einem größeren Topf erhitzen und die Zwiebel bei Mittelhitze weich dünsten, nicht bräunen lassen. Lauch, Karotten, Reis, Petersilie, Zucker und Zitronensaft zugeben. Salzen und umrühren. 1/2 l heißes Wasser zugießen, zudecken und ca. 20 Minuten köcheln lassen, bis der Lauch weich ist.
Die Mischung auf eine Platte geben, zudecken und 1 Stunde kalt stellen. Gekühlt oder zimmerwarm servieren.

Ispanakli Yoğurt Ezmesi

SCHARF GEWÜRZTES SPINATPÜREE MIT DICKEM JOGHURT
Für 4–6 Portionen

750 g frischer Spinat (netto), geputzt und gewaschen
4 Knoblauchzehen, zerdrückt
2 TL türkischer roter Paprika oder scharfer Rosenpaprika
4 EL natives Olivenöl extra
1/2 l dicker Joghurt (S. 36)
Salz
süßer Paprika
gemischte Oliven
getoastetes Fladenbrot

Den tropfnassen Spinat in einem großen Topf 2 Minuten schmoren, bis er zusammengefallen ist. Gut ausdrücken und feinhacken. In eine Schüssel geben und Knoblauch, türkischen Paprika, Olivenöl und dicken Joghurt zugeben, salzen. Vorsichtig mit einem Holzlöffel umrühren, Schüssel zudecken und eine Stunde kalt stellen. Mit Paprika und Oliven garnieren, mit getoastetem Fladenbrot servieren.

Ispanak Kavurma

GEDÜNSTETER SPINAT MIT JOGHURT-KNOBLAUCH-SAUCE
Für 4–6 Portionen

Dieses simple, farbenfrohe Gericht schmeckt besonders gut zu gegrilltem Fisch und Huhn.

750 g frischer Spinat (netto), geputzt und gewaschen
1 EL Olivenöl
4 EL Butterschmalz
1 kleine Zwiebel, fein gehackt
2 Knoblauchzehen, zerdrückt
1 große Tomate, enthäutet, entkernt und gewürfelt
2 TL Salz
2 TL türkischer roter Paprika oder scharfer Rosenpaprika
2 TL süßer Paprika
1/2 TL geriebene Muskatnuß
1 Rezept Joghurt-Knoblauch-Sauce (S. 13)

Den tropfnassen Spinat in einem großen Topf ca. 2 Minuten dünsten, bis er zusammengefallen ist. Kochflüssigkeit abgießen, 1/8 l davon aufheben. Den Spinat gut ausdrücken und feinhacken.
Öl und 2 TL Butterschmalz in einem mittelgroßen Topf erhitzen, die Zwiebel darin weich dünsten, nicht bräunen lassen. Spinat, Knoblauch, Tomate, Salz, 1 TL türkischen Paprika, 1 TL süßen Paprika und Muskatnuß zufügen. Die aufgefangene Spinatkochflüssigkeit unterrühren, dann den Topf vom Feuer nehmen. Diese Mischung auf eine Servierplatte geben und abkühlen lassen.
Die Joghurt-Knoblauch-Sauce über die abgekühlte Spinatmischung geben. 2 TL Butterschmalz in einer kleinen Pfanne erhitzen, den übrigen türkischen roten Paprika und süßen Paprika zugeben. Diese Paprikabutter über die Joghurt-Knoblauch-Sauce träufeln und servieren.

Zeytinyağli Enginar Dolmasi

MIT REIS UND KRÄUTERN GEFÜLLTE ARTISCHOCKEN MIT FAVA-BOHNEN

Für 4–6 Portionen

Dieses Gericht stammt aus meiner Heimatstadt Izmir, es ist aber für die westlichen und mediterranen Regionen der Türkei insgesamt typisch. Es wird im Sommer zur Zeit der Artischockenernte gegessen.
Dieses Gericht kann auf dem Feuer zubereitet werden, aber im Backofen garen die Artischocken gleichmäßiger. Noch vor dreißig oder vierzig Jahren besaßen türkische Häuser keine Herde, Gerichte wie dieses wurden auf Paraffinbrennern oder in einem gemauerten Backofen zubereitet.

30 g Mehl
1/8 l Zitronensaft
6 mittelgroße oder 12 kleine Artischocken (ca. 1,25 kg)
2 Zitronen, halbiert
2 kleine Karotten
0,2 l natives Olivenöl extra
100 g Rundkornreis
3 Frühlingszwiebeln, fein gehackt, auch etwas vom Grün
6 EL frischer Dill, fein gehackt
6 EL glatte Petersilie, gehackt
1 EL Zucker
150 g junge Fava-Bohnenkerne
Salz, schwarzer Pfeffer aus der Mühle
Zitronenachtel
einige Dillzweige

Das Mehl und 4 EL Zitronensaft mit 2 l kaltem Wasser in eine große Schüssel geben. Von den Artischocken die Stiele abschneiden, so daß man sie hinstellen kann. Harte Außenblätter entfernen, die harten oberen Enden abschneiden und das Heu mit einem Löffel gründlich herauskratzen. Die Artischocken mit den Zitronenhälften abreiben und in die Mehl-Wasser-Mischung geben, damit sie sich nicht verfärben.
Die Karotten in ca. 4 cm lange, olivenförmige Stücke schneiden (siehe Foto gegenüber).
Den Backofen auf 180 °C vorheizen. Für die Füllung 1/8 l Olivenöl in einem mittelgroßen Topf erhitzen, Reis, Frühlingszwiebel, 3 EL Petersilie, Zucker, 3 EL Dill und 1/4 l Wasser zugeben, verrühren. Zum Kochen bringen, Hitze reduzieren, Topf zudecken und 10 Minuten köcheln lassen, bis das Wasser aufgenommen ist.
Die Artischocken aus dem Wasser nehmen und Wasser abschütteln. Mit der Reismischung füllen, diese behutsam festdrücken; nicht zuviel Füllung verwenden. Aufrecht dicht nebeneinander in eine feuerfeste Form stellen.
Die Fava-Bohnen und Karotten beigeben. 4 EL Olivenöl, 4 EL Zitronensaft, 1/4 l Wasser, den restlichen Dill und die Petersilie darübergeben. Ein zerknülltes und auseinandergezogenes Stück Pergament auf die Artischocken legen, mit einem ofenfesten Teller beschweren (der eben so groß ist, daß er in die Form paßt), auf dem Feuer zum Kochen bringen. Die Form zudecken und in den Backofen stellen. 40–45 Minuten kochen lassen, bis die meiste Flüssigkeit verdampft ist und die Artischocken gar sind. Abkühlen lassen.
Die Artischocken mit den Fava-Bohnen und den Karotten auf einer Platte anrichten, mit der Kochflüssigkeit beträufeln. Gekühlt oder zimmerwarm servieren. Mit Dillzweigen und Zitronenachteln garnieren.
Falls es keine frischen Fava-Bohnen gibt, frische Erbsen verwenden.

~ Mit Reis und Kräutern gefüllte Artischocken mit Fava-Bohnen

Tahanli Nohut Ezmesi (Hummus)

HUMMUS (KICHERERBSENPÜREE MIT TAHIN)
Für 4–6 Portionen

Diese Version von Hummus, die ich selbst entwickelt habe, ist seit vielen Jahren im »Sultan's Kitchen« eines der beliebtesten Gerichte. Im östlichen Teil der Türkei wird Hummus heiß serviert. Als Variation können Sie das Gericht mit gerösteten Pinienkernen oder Walnüssen und mit etwas heißer geklärter Butter servieren, die mit scharfem türkischem Paprika vermischt ist.

300 g Kichererbsen, über Nacht eingeweicht
Salz
3 Knoblauchzehen, zerdrückt
1/8 l Zitronensaft
4 EL natives Olivenöl extra
4 EL Tahin
rote Zwiebel, in dünne Scheiben geschnitten
gemischte Oliven
süßer Paprika
getoastetes Fladenbrot

Die Kichererbsen mit ca. 3/4 l Wasser und 2 EL Salz in einem mittelgroßen Topf zum Kochen bringen, Hitze reduzieren und ca. 1 1/2 Stunden köcheln lassen, bis sie gar sind. Falls nötig, Wasser zugeben. Erbsen abtropfen lassen, 1/8 l der Kochflüssigkeit aufheben. Beiseite stellen.
Kichererbsen, Knoblauch, Zitronensaft, Olivenöl und Kochflüssigkeit in einen Mixer geben und pürieren, salzen. Die Mischung in eine Schüssel geben und das Tahin unterrühren, bis eine glatte Paste entsteht. Mit Ringen von roter Zwiebel und Oliven garnieren, mit Paprika bestreuen. Mit getoastetem Fladenbrot servieren.

Zeytinyağli Kuru Fasülye Pilakisi

LIMABOHNEN MIT GEMÜSE UND OLIVENÖL
Für 4–6 Portionen

500 g getrocknete mittelgroße oder große Limabohnen, über Nacht eingeweicht
1/8 l natives Olivenöl extra
1 kleine Zwiebel, fein gewürfelt
4 Knoblauchzehen, zerdrückt
1 EL Tomatenmark
2 Karotten, gewürfelt
1 Stange Bleichsellerie, gewürfelt
1 große Kartoffel, gewürfelt
2 EL Zitronensaft
Salz, schwarzer Pfeffer aus der Mühle
3 EL glatte Petersilie, grob gehackt
Zitronenachtel

Die Bohnen aus dem Einweichwasser nehmen und in einem Topf mit frischem kaltem Wasser bedecken. Zum Kochen bringen, Hitze reduzieren, Topf zudecken und die Bohnen ca. 30 Minuten köcheln lassen, bis sie gerade weich sind. Inzwischen das Olivenöl in einem großen Topf erhitzen und die Zwiebel weich dünsten, nicht bräunen lassen. Knoblauch, Tomatenmark, Karotten und Sellerie zugeben. Die Bohnen abgießen, ebenfalls zugeben, zudecken und etwa 15 Minuten köcheln lassen. Zitronensaft und Kartoffeln zugeben, salzen und pfeffern, zudecken und weitere 10 Minuten garen, bis das Gemüse weich ist.
Die Gemüsemischung auf eine Platte geben, zudecken und 1 Stunde kalt stellen. Gekühlt oder zimmerwarm mit Petersilie und Zitronenachteln garniert servieren.

Zeytinyağli Taze Bakla

JUNGE FAVA-BOHNEN IN OLIVENÖL
Für 4–6 Portionen

Dieses Rezept, bei dem die ganzen Schoten mit den Bohnenkernen verwendet werden, stammt aus der ägäischen Küstenregion. Im Süden und Westen des Landes wird es im Frühling und Sommer zubereitet, wenn die Fava-Bohnen jung und zart sind. Besonders köstlich schmeckt das Gericht, wenn es an heißen Tagen mit Joghurt-Knoblauch-Sauce oder normalem Joghurt serviert wird.

750 g junge Fava-Bohnen
2 EL Mehl
1 EL Zitronensaft
$^1/_8$ l natives Olivenöl extra
1 mittlere Zwiebel, fein gewürfelt
3 EL frischer Dill, grob gehackt
Salz
1 Rezept Joghurt-Knoblauch-Sauce (S. 13)

Die Fava-Bohnen abfädeln, dazu ein Ende abbrechen und den Faden abziehen. Die Bohnen halbieren und in eine Schüssel geben. Mit kaltem Wasser bedecken, Mehl darüberstreuen und den Zitronensaft einrühren. Beiseite stellen.
Das Olivenöl in einem hohen Topf erhitzen und die Zwiebel weich dünsten, nicht bräunen lassen. Die Bohnen abgießen und mit 2 EL Dill und knapp $^1/_2$ l Wasser in den Topf geben, salzen. Zum Kochen bringen, Hitze reduzieren, Topf zudecken und ca. 40 Minuten köcheln, bis die Bohnen gar sind.
Die Mischung auf eine Platte geben, zudecken und kalt stellen. Die Joghurt-Knoblauch-Sauce über die Bohnen geben und den Rest des gehackten Dills darüberstreuen. Gekühlt oder zimmerwarm servieren.

~ OBEN: Junge Fava-Bohnen in Olivenöl mit Joghurt-Knoblauch-Sauce

Zeytinyağli Taze Fasülye

GRÜNE BOHNEN MIT TOMATEN UND OLIVENÖL
Für 4–6 Portionen

Für dieses Rezept kann man jede Sorte grüne Bohnen verwenden, lange oder kurze, mit rundem oder flachem Querschnitt. In der Türkei nimmt man flache grüne Bohnen ohne Faden. Beim Kauf achten Sie auf frische, hellgrüne Bohnen, die knackend brechen.

$^1/_8$ l natives Olivenöl extra
1 mittlere Zwiebel, fein gewürfelt
2 Knoblauchzehen, zerdrückt
2 Tomaten, enthäutet, entkernt und fein gewürfelt
750 g frische grüne Bohnen, geputzt und der Länge nach halbiert
Salz, schwarzer Pfeffer aus der Mühle
3 EL glatte Petersilie, gehackt

Das Öl in einem mittelgroßen Topf erhitzen und die Zwiebel bei Mittelhitze weich dünsten, nicht bräunen lassen. Knoblauch, Tomaten und Bohnen zugeben, salzen und pfeffern. Knapp $^1/_2$ l Wasser zugeben und zum Kochen bringen, Hitze reduzieren, Topf zudecken und 35 Minuten köcheln lassen, bis die Bohnen weich sind (sie sollen nicht zu weich werden).
Die Mischung auf eine Platte geben, zudecken und 1 Stunde kalt stellen. Gekühlt oder mit Zimmertemperatur mit gehackter Petersilie garniert servieren.

Çerkez Tavuğu

TSCHERKESSISCHES HUHN
Für 4–6 Portionen

Dieses Gericht ist eines der klassischen Meisterwerke türkischer Küche und wird zu besonderen Anlässen serviert. Die Walnüsse wurden früher zwischen zwei Steinen zerquetscht, das Walnußöl aufgefangen und über das Gericht geträufelt. Verwenden Sie nur den besten Paprika, und prüfen Sie, ob die Walnüsse süß sind. Statt Walnußöl kann man auch Olivenöl verwenden, auch wenn es nicht denselben Geschmack ergibt.

1 kg Hühnerbrust, ohne Haut und Knochen
3/8 l Hühnerbrühe (S. 58)
2 EL Walnußöl oder natives Olivenöl extra
2 TL süßer Paprika
2 EL glatte Petersilie, grob gehackt
Walnußhälften

Walnusssauce
2 Scheiben Weißbrot vom Vortag, ohne Rinde
2 EL Butterschmalz
1 mittlere Zwiebel, fein gehackt
2 Knoblauchzehen, zerdrückt
1 1/2 EL süßer Paprika
1 TL scharfer Paprika
200 g Walnüsse, gehackt

Die Hühnerbrüste und die Brühe in einen Topf geben, zudecken und zum Kochen bringen. Hitze reduzieren und das Huhn sanft köcheln lassen, bis es eben gar ist. (Es darf nicht zu lange kochen, sonst verliert es an Geschmack.) Mit einem Schaumlöffel das Fleisch herausheben und abkühlen lassen. 1/2 l Kochflüssigkeit beiseite stellen, den Rest für andere Zwecke verwenden.
Für die Walnußsauce das Brot in etwas Hühnerbrühe einweichen, ausdrücken und in eine kleine Schüssel krümeln. In einem kleinen Topf das Butterschmalz erhitzen, Zwiebel zugeben und bei Mittelhitze weich dünsten, nicht bräunen lassen. Knoblauch, süßen und scharfen Paprika unterrühren. Topf vom Feuer nehmen und beiseite stellen.
Die Walnüsse im Mixer feinhacken. 1/4 l Kochflüssigkeit, die Zwiebelmischung und das zerkrümelte Brot zugeben. Salzen und mixen, bis die Sauce glatt ist. Wenn sie zu dick ist, noch Kochflüssigkeit zugeben.
Das Hühnerfleisch mit einem scharfen Messer in dünne Streifen schneiden, in einer großen Schüssel mit der Sauce gut mischen. Die Mischung auf eine Servierplatte geben. Zum Garnieren das Walnußöl in einer kleinen Pfanne erhitzen und den Paprika einrühren. Diese Sauce über das Hühnerfleisch träufeln. Mit gehackter Petersilie bestreuen und mit Walnußhälften garnieren.

Kuru Bakla Ezmesi (Fava)

PÜRIERTE FAVA-BOHNEN
Für 4–6 Portionen

500 g getrocknete Fava-Bohnen, über Nacht eingeweicht
1 mittlere Zwiebel, gehackt
2 TL Salz
4 EL natives Olivenöl extra
2 EL Zitronensaft
1 rote Zwiebel, in dünne Scheiben geschnitten
glatte Petersilie, fein gehackt
süßer Paprika
getoastetes Fladenbrot, in Dreiecke geschnitten

Die eingeweichten Bohnen abgießen und die Häute entfernen. Mit der Zwiebel, knapp 1 l Wasser und dem Salz in einen mittelgroßen Topf geben. Zugedeckt ca. 1 Stunde köcheln lassen, bis die Bohnen gar sind und das Wasser aufgenommen ist.
Bohnenmischung in einem Mixer pürieren. Wenn die Paste zu dick erscheint, etwas Wasser zugeben.
Das Püree auf einem flachen Teller ausstreichen, zudecken und ca. 1 Stunde kalt stellen, bis es fest ist. Die Fava-Paste in Stücke schneiden und mit Olivenöl und Zitronensaft beträufeln. Mit Zwiebelringen garnieren und mit Petersilie und Paprika bestreuen. Mit getoastetem Fladenbrot servieren.

~ IM UHRZEIGERSINN VON RECHTS OBEN: Tscherkessisches Huhn (S. 30), Gebratene Auberginen und Paprika mit Joghurt-Knoblauch-Sauce und Tomatensauce (S. 20), Zucchini-Köfte (S. 33)

Zeytinyağli Barbunya Fasülye Pilakisi

BOHNEN MIT GEMÜSE UND OLIVENÖL

Für 4–6 Portionen

Diese Zubereitung von Bohnen mit Gemüse und Olivenöl heißt Pilaki und stammt aus der westlichen Türkei. Dieses Gericht kann als Meze oder als Beilage zu gegrilltem Fleisch oder Huhn serviert werden.

750 g getrocknete rote oder Wachtelbohnen, über Nacht eingeweicht
1/8 l natives Olivenöl extra
1 mittlere Zwiebel, fein gehackt
4 Knoblauchzehen, zerdrückt
1 EL Tomatenmark
2 Karotten, gewürfelt
1 Stange Bleichsellerie, gewürfelt
2 kleine Kartoffeln, gewürfelt
2 EL Zitronensaft
Salz, schwarzer Pfeffer aus der Mühle
2 EL glatte Petersilie, grob gehackt
Zitronenachtel

Bohnen abtropfen lassen. In einem großen Topf mit 1 l Wasser etwa 1 Stunde kochen. Sie sollen nicht ganz weich sein. Beiseite stellen.
Das Olivenöl in einem großen Topf erhitzen, die Zwiebel glasig dünsten, nicht bräunen lassen. Knoblauch, Tomatenmark, Karotten und Sellerie einrühren. Die gekochten Bohnen abtropfen lassen, zugeben, zudecken und 15 Minuten köcheln lassen. Kartoffeln und Zitronensaft zugeben, salzen und pfeffern. Zugedeckt weitere 10 Minuten garen, bis das Gemüse weich ist.
Die Mischung in eine Servierschüssel geben und 1 Stunde kalt stellen. Gekühlt oder zimmerwarm mit gehackter Petersilie und Zitronenachteln garniert servieren.

Mercimek Köftesi

LINSEN-BULGUR-KÖFTE

Für 4–6 Portionen

Dieses Gericht wird in der ganzen Türkei zubereitet, wobei die Würzung von Region zu Region variiert.

2 EL natives Olivenöl extra
1 mittlere Zwiebel, fein gehackt
500 g rote Linsen, gewaschen und abgetropft
2 EL Tomatenmark
200 g Bulgur
4 Frühlingszwiebeln, auch etwas vom Grün, fein gehackt
2 TL türkischer roter Paprika oder scharfer Paprika
1 EL gemahlener Kreuzkümmel
1 EL getrocknete Minze
6 EL glatte Petersilie, fein gehackt
Salz, schwarzer Pfeffer aus der Mühle
Zitronenachtel
1 Rezept Joghurt-Knoblauch-Sauce (S. 13)

Das Olivenöl in einem großen Topf erhitzen, Zwiebel bei Mittelhitze glasig dünsten, nicht bräunen lassen. Rote Linsen, Tomatenmark und 3/4 l Wasser zugeben. Umrühren, zudecken und zum Kochen bringen. Bulgur zugeben, Hitze reduzieren und zugedeckt ca. 25 Minuten köcheln lassen, bis die Linsen weich sind.
Den Topf vom Feuer nehmen. 2 EL von den Frühlingszwiebeln zum Garnieren aufbewahren, den Rest zusammen mit türkischem Paprika, Kreuzkümmel, Minze und Petersilie in den Topf geben, salzen, pfeffern und gut mischen.
Die Mischung etwa 15 Minuten abkühlen lassen.
Kleine ovale Frikadellen aus der Mischung formen (ca. 1 EL pro Köfte). Die Köfte auf eine Servierplatte legen und 30 Minuten kalt stellen.
Mit Zitronenachteln und den restlichen Frühlingszwiebeln garnieren. Zimmerwarm mit Joghurt-Knoblauch-Sauce servieren.

Kabak Mücveri

ZUCCHINI-KÖFTE
Für 4–6 Portionen

750 g kleine Zucchini, geraspelt
1 Bund Frühlingszwiebeln, nur weiße Teile, fein gehackt
2 EL frischer Dill, fein gehackt
2 EL glatte Petersilie, fein gehackt
3 Eier
1 EL süßer Paprika
250 g Feta, zerbröselt
125 g Mehl
1/3 l leichtes Olivenöl oder Pflanzenöl
Salz, schwarzer Pfeffer aus der Mühle
1 Rezept Joghurt-Knoblauch-Sauce (S. 13), optional

Die geraspelten Zucchini in ein Sieb geben, mit Salz bestreuen und etwa 15 Minuten ziehen lassen. Den entstehenden Saft ausdrücken. Die Zucchini mit Zwiebeln, Dill, Petersilie, Eiern und Paprika in eine große Schüssel geben, gut mischen, salzen, pfeffern. Feta und Mehl peu à peu unterrühren, gut vermengen.
Das Öl in einer Pfanne auf mittlerer Stufe erhitzen. Die Zucchinimischung löffelweise vorsichtig in das heiße Öl geben, genügend Platz dazwischen lassen. Auf beiden Seiten goldbraun braten (ca. 5 Minuten). Die Bratlinge auf Küchenpapier abtropfen lassen und gleich servieren. Joghurt-Knoblauch-Sauce paßt sehr gut dazu. Wahlweise kann man die Zucchini-Köfte auch mit Zimmertemperatur servieren.

Balik Köftesi

FISCH-KÖFTE
Für 4–6 Portionen

1 l Fischbrühe (S. 60)
500 g Schellfisch oder anderer Fisch mit festem weißem Fleisch
2 Scheiben Weißbrot vom Vortag
2 Eier
1 Bund Frühlingszwiebeln, mit etwas vom Grün, fein gehackt
4 EL frischer Dill, fein gehackt
4 EL glatte Petersilie fein gehackt
1/2 TL gemahlener Piment
Salz, Pfeffer aus der Mühle
1/3 l leichtes Olivenöl oder Pflanzenöl
125 g Mehl

Die Fischbrühe zum Kochen bringen, Hitze reduzieren, den Fisch etwa 5 Minuten in der Brühe pochieren. Er sollte nicht ganz durch sein. Mit einem Schaumlöffel herausnehmen, etwas abkühlen lassen und in kleine Stücke schneiden; darauf achten, daß alle Gräten entfernt sind. Die Kochflüssigkeit für andere Zwecke aufbewahren, z. B. Fischsuppe. Das Brot in etwas warmem Wasser einige Minuten einweichen, ausdrücken und in eine Schüssel krümeln. Fisch, Eier, Zwiebeln, Dill, Persilie und Piment zugeben. Salzen und pfeffern, gut durchmischen.
Das Öl in einer Bratpfanne erhitzen, auf Mittelhitze schalten. 1 EL der Fischmischung zu einem flachen Oval formen und in Mehl wälzen. Die Hälfte des Fischteigs auf diese Weise vorbereiten. Die Frikadellen mit genügend Abstand in das heiße Öl geben, auf beiden Seiten goldbraun braten (ca. 5 Minuten). Auf Küchenpapier abtropfen lassen. Den Rest der Fischmasse ebenso verarbeiten. Heiß oder zimmerwarm servieren.

Midye Dolmasi

MIT REIS, PINIENKERNEN UND KORINTHEN GEFÜLLTE MIESMUSCHELN
Für 6 Portionen

Während der Sommermonate werden in İzmir und Istanbul überall glänzendschwarze Miesmuscheln mit köstlicher, aromatischer Füllung verkauft. In Badeorten kommen fliegende Händler mit großen Tabletts an die Strände. Dieses Rezept verlangt Fischbrühe, man kann aber auch das Salzwasser verwenden, in dem die Muscheln ziehen; die Muscheln geben etwas von ihrem Aroma ab. Wenn Sie Muscheln kaufen, achten Sie darauf, daß alle Schalen geschlossen sind. Für dieses Gericht braucht man kein Besteck – man benützt eine Muschelschale, um die Füllung aus der anderen zu holen.

30 große Miesmuscheln in der Schale (ca. 1 kg), gut abgebürstet und gewaschen
1/4 l natives Olivenöl extra
100 g Pinienkerne
200 g Langkornreis, gewaschen und abgetropft (S. 112)
1 mittelgroße Zwiebel, fein gehackt
1 mittelgroße Tomate, enthäutet, entkernt und gehackt
3 EL Korinthen
1 1/2 TL Zucker
1 1/2 TL gemahlener Piment
2 TL gemahlener Zimt
1 l Fischbrühe (S. 60)
1 EL frischer Dill, fein gehackt
1 EL glatte Petersilie, fein gehackt
Salz, schwarzer Pfeffer aus der Mühle
1 Zitrone, geviertelt

Die Korinthen 20 Minuten in warmem Wasser einweichen. Abtropfen lassen.
Die Muscheln in eine große Schüssel geben und mit leicht gesalzenem Wasser bedecken (mindestens 1 l, wenn Sie dieses Wasser statt der Fischbrühe verwenden wollen) und etwa 10 Minuten stehen lassen.
Für die Füllung eine gute Tasse Olivenöl in einem mittelgroßen Topf erhitzen und darin die Pinienkerne in ca. 2 Minuten goldbraun braten. Reis, Tomaten und Zwiebel zugeben, gut umrühren und weitere 2 Minuten kochen.
Die Korinthen, Zucker, Zimt und Piment einrühren und 1/2 l Fischbrühe (oder das Salzwasser) dazugeben. Zudecken, Hitze verringern und 20 Minuten köcheln lassen, bis die Flüssigkeit absorbiert ist. Pfanne vom Feuer nehmen, Dill und Petersilie beigeben, salzen und pfeffern, umrühren.
Die Muscheln abgießen (Wasser auffangen, wenn Sie es statt Brühe verwenden) und über der Schüssel die Muscheln so öffnen, daß Gelenk und Schalen nicht brechen. Die Flüssigkeit in den Muscheln in der Schüssel auffangen.
Ca. 1 TL der Füllung in jede Muschel geben. Die Muscheln schließen und in eine feuerfeste Form geben. Die restliche Fischbrühe (oder 1/2 l Salzwasser), die Muschelflüssigkeit und das übrige Olivenöl (ca. 5 EL) darübergeben. Die Muscheln mit zerknülltem und wieder auseinandergezogenem nassem Pergamentpapier bedecken und mit einem eben in die Form passenden Deckel beschweren (das verhindert, daß sich die Muscheln während des Kochens öffnen).
Zudecken, die Flüssigkeit zum Kochen bringen, dann Hitze reduzieren und ca. 45 Minuten köcheln lassen. Die Muscheln abkühlen lassen, dann mindestens eine Stunde kalt stellen. Gekühlt oder zimmerwarm servieren.
Zum Essen eine Muschel öffnen, die obere Schale abbrechen, etwas Zitronensaft darüberträufeln und mit der halben Schale die Füllung herausheben.

Tarama

FISCHROGENPÜREE
Für 4–6 Portionen

4 Scheiben Weißbrot vom Vortag ohne Rinde
1 kleine Zwiebel (ca. 100 g), gehackt
1 Meeräschenrogen (ca. 180 g)
1/3 l natives Olivenöl extra
4 EL Zitronensaft
glatte Petersilie, gehackt
gemischte Oliven
grüner Salat
Fladenbrot, in Dreiecke geschnitten

Die Brotscheiben kurz in Wasser einweichen und ausdrücken. Brot, Zwiebel und Rogen in einen Mixer geben, bei geringer Geschwindigkeit gut zerkleinern und vermischen. Langsam das Olivenöl und den Zitronensaft zugeben und alles zu einer dicken Paste aufmixen. In eine Schüssel geben, zudecken und kalt stellen.
Mit gehackter Petersilie, Oliven und grünem Salat anrichten. Gekühlt mit den Fladenbrotdreiecken servieren.

~ Mit Reis, Pinienkernen und Korinthen gefüllte Miesmuscheln

~~~~~~~~~~~~~~~~~~~~~~~

Kalamar Tavasi

GEBRATENE TINTENFISCHE
Für 4–6 Portionen

250 g Mehl
Salz
1 kg große Tintenfische (Kalmare), ausgenommen
1/4 l leichtes Olivenöl oder Pflanzenöl
2 EL Butterfett
2 EL Zitronensaft
4 EL trockener Weißwein
1 Zitrone, geachtelt
1 EL glatte Petersilie, grob gehackt

Die Tintenfische in kaltem Wasser waschen, Tentakel und Kopf entfernen, die Haut vom Körper abziehen und noch einmal in kaltem Wasser spülen. Das weiße Fleisch in 1/2–1 cm breite Ringe schneiden.
Das Mehl mit etwas Salz mischen. Jeweils eine Handvoll Tintenfischringe in Mehl wälzen, in ein Sieb geben und das überschüssige Mehl abschütteln.
Das Öl in einer großen Fritierpfanne sehr heiß werden lassen. Die Tintenfische in ca. 2 Minuten goldbraun backen. Nicht zu viel auf einmal in die Pfanne geben! Ringe auf Küchenpapier abtropfen lassen.
Die nächsten beiden Arbeitsschritte müssen sehr schnell ausgeführt werden, damit die Tintenfischringe knusprig bleiben. Butterfett in der Pfanne erhitzen und die gebackenen Kalmare zugeben. Die Pfanne über der Flamme schütteln und dabei den Weißwein und Zitronensaft zugeben. Kurz durchschütteln und Tintenfische aus der Pfanne nehmen. Mit Zitronenachteln und gehackter Petersilie garnieren. Sofort servieren.

~~~~~~~~~~~~~~~~~~~~~~~

Cacik

JOGHURT MIT KNOBLAUCH, GURKE UND MINZE
Für 4–6 Portionen

Diesen leichten, erfrischenden Gurkensalat kann man als Meze an heißen Sommertagen oder zu gegrilltem Fleisch und Kebab servieren.

6 Becher Joghurt
4 Knoblauchzehen, zerdrückt
2 TL Salz
1 EL getrocknete Minze
1 Salatgurke, geschält, entkernt, geraspelt oder fein gewürfelt
8–10 frische Minzeblätter
natives Olivenöl extra

Joghurt, Knoblauch und Salz zu einer glatten Masse schlagen. Getrocknete Minze, Gurke und eine Tasse Wasser zugeben, gut vermischen. Die Mischung in Portionsschalen gießen. Mit frischen Minzeblättern und ein paar Tropfen Olivenöl garnieren. Zudecken und mindestens eine Stunde kalt stellen. Sehr kalt servieren.

~~~~~~~~~~~~~~~~~~~~~~~

Süzme Yoğurt Ezmesi (Haydari)

DICKER JOGHURT
Ergibt 1/2 l

Für eine dickere Konsistenz kann man den Joghurt über Nacht im Kühlschrank abtropfen lassen. In der Türkei läßt man den Joghurt in einem Tuch aufgehängt abtropfen, daher heißt er hier auch Torba Yoğurdu, was etwa »Joghurt im Sack« bedeutet. Er hält sich im Kühlschrank bis zu einer Woche.

8 Becher Joghurt
3 Knoblauchzehen, zerdrückt
2 TL türkischer roter Paprika oder scharfer Rosenpaprika
1 EL frischer Dill, fein gehackt
Salz
1/2 TL süßer Paprika
natives Olivenöl zum Beträufeln
getoastetes Fladenbrot

Ein großes Sieb mit einem doppelten Mulltuch auslegen und das Sieb in eine große Schüssel hängen. Den Joghurt in das Sieb geben und mit Pergamentpapier abdecken. Joghurt mindestens eine Stunde abtropfen lassen.
Joghurt in eine Schüssel geben, Knoblauch, türkischen roten Paprika und Dill zugeben. Salzen. Den Joghurt vorsichtig mit einem Holzlöffel rühren, bis er glatt und cremig ist. Die Schüssel zudecken und vor dem Servieren mindestens 20 Minuten kalt stellen. Etwas Olivenöl und Paprika darübergeben. Mit getoastetem Fladenbrot servieren.
~~~~~~~~~~~~~~~~~~~~~~~

Beyaz Peynir Ezmesi

SCHARF GEWÜRZTES FETAPÜREE
Für 4–6 Portionen

500 g Feta, in kleine Stücke gebrochen
4 Knoblauchzehen, zerdrückt
2 TL süßer Paprika
2 TL türkischer roter Paprika oder scharfer Rosenpaprika
3 EL natives Olivenöl extra
2 TL getrocknete Minze
Tomaten, in Scheiben geschnitten
gemischte Oliven

Feta in warmem Wasser etwa 30 Minuten einweichen, das Wasser ein paarmal wechseln. Dadurch verringert sich der Salzgehalt. Den Käse gut abtropfen lassen, zerkrümeln.
Feta, Knoblauch, süßen Paprika, türkischen roten Paprika und Olivenöl in einen Mixer geben, glattmixen. In eine flache Schüssel geben, zudecken und mindestens 20 Minuten kalt stellen.
Den Käse zimmerwarm servieren. Mit Olivenöl beträufeln und mit der getrockneten Minze bestreuen. Mit Tomatenscheiben und gemischten Oliven servieren.

Sigara ve Nuska Böreği

ZIGARREN- UND DREIECK-BÖREKS
Für 4–6 Portionen

Diese knusprigen Böreks gehören einfach zu einem Meze. Sie werden auch mit Tee oder Ayran als Imbiß serviert.
In der Türkei macht man sie aus Yufka-Teig, der dem griechischen Fyllo-Teig entspricht. Sie bekommen ihn in türkischen oder griechischen Läden oder in gut sortierten Supermärkten.

400 g Feta
2 Eier
4 Stengel glatte Petersilie, fein gehackt
2 Frühlingszwiebeln, fein gehackt
500 g Yufka- oder Fyllo-Teig, etwa 22–25 Blätter
½ l leichtes Olivenöl oder Pflanzenöl zum Fritieren
1 Rezept Joghurt-Knoblauch-Sauce (S. 13)

Den Feta 30 Minuten in warmem Wasser einweichen. Abtropfen lassen, zerbröseln und mit Eiern, Petersilie und Frühlingszwiebeln in einer Schüssel mischen. Beiseite stellen.
Ein Teigblatt auf einer flachen Arbeitsfläche entrollen. Den übrigen Teig in ein feuchtes Tuch einschlagen, damit er nicht austrocknet. Mit einem scharfen Messer das Teigblatt längs in 4 gleich breite Streifen schneiden. Einen Streifen zurechtlegen, Enden und Seiten des Teigs etwa 1 cm breit zur Mitte hin einschlagen. 2 TL Fetamischung kurz vor dem unteren Ende plazieren, dann den Streifen am Ende mit der Füllung nehmen und diagonal falten, wodurch ein gefülltes Dreieck entsteht.

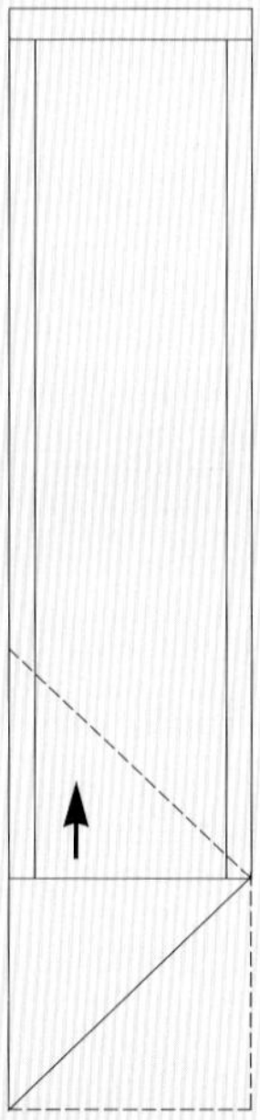

Dieses Dreieck nun in Längsrichtung umschlagen, dann wieder diagonal umschlagen, diesmal aber in entgegengesetzter Richtung. So wird aus dem ganzen Teigstreifen eine Tasche »gewickelt«. Das Ende des Streifens mit etwas Wasser anfeuchten und festdrücken. Die Dreiecke mit einem feuchten Tuch bedecken, damit der Teig nicht austrocknet; so gehen sie beim Ausbacken auch besser auf. Aus 12 Teigblättern Dreiecke formen.
Mit den restlichen Teigblättern Zigarren-Böreks machen: Ein Teigblatt längs in 4 gleiche Streifen schneiden, an ein Ende 2 TL Füllung setzen, den Teig an jeder Kante etwa 1,5 cm breit zur Mitte hin umschlagen und dann zu Zigarren rollen.
Das Öl in einer großen Pfanne erhitzen, bei Mittelhitze die Dreiecke und Zigarren auf jeder Seite 5 Minuten goldbraun backen. Mit einem Schaumlöffel herausnehmen, auf Küchenpapier abtropfen lassen. Die Böreks auf einer Platte anrichten. Warm oder zimmerwarm mit Joghurt-Knoblauch-Sauce servieren.

Brot und Börek

In der Türkei beginnt und endet der Tag mit Brot. Viele verschiedene Brotarten entstanden zur Zeit des Osmanischen Reiches: Laibe, flache Brote, Brot in Blechgröße, gefüllte Brote und mit Sesam bestreute Brotringe, die Simit genannt werden.

In der Türkei kauft man sein Brot in den örtlichen Bäckereien, und in den Dörfern ist die Luft morgens mit wunderbaren Düften geschwängert. Einige machen ihr Brot noch selbst, besonders Katmer (knuspriges Brot vom Blech) und Lahmacun (mit Fleisch belegtes flaches Brot). Zu Lahmacun reicht man häufig das Joghurtgetränk Ayran oder ißt normalen Joghurt dazu.

Das Nationalbrot ist die Pita, ein Fladenbrot. Als Tasche eignet es sich für die verschiedensten Füllungen. In der Türkei wird Pita oft in Stücke geschnitten und als Unterlage für Fleischgerichte wie Köfte oder Fleisch vom Spieß verwendet.

Hier ein paar Tips, um gutes Brot zu backen. Tauchen Sie Ihre Hände in Mehl, bevor Sie Teig kneten, damit er nicht an Ihren Fingern klebt. Kneten Sie den Teig auf einer kühlen Arbeitsfläche, vorzugsweise aus Marmor oder Stein. Zum Gehenlassen immer an einen warmen, zugfreien Ort stellen. Ich habe festgestellt, daß Brot am besten auf einem Pizzastein gelingt. Nachdem ein Laib gegangen ist, sollte er möglichst wenig berührt werden, daher mit einer Backschaufel handhaben. Die Backschaufel mit Mehl oder Stärke bestäuben, bevor Sie den Laib darauf legen, dann den Laib auf den vorgeheizten Stein gleiten lassen.

Der Börek, ein köstliches pikantes Gebäck, ist der perfekte türkische Imbiß. In der Türkei werden Böreks in sogenannten Börekçi als Frühstück und Mittagessen angeboten. Im Sommer essen die Leute mittags Böreks in Straßencafés mit einem Glas Tee oder Ayran. Dieses Gebäck wird mit Yufka oder Böreklik yufka (eine Art Fyllo-Teig) hergestellt. Der sehr dünne Teig verleiht ihm seine charakteristische goldene Farbe und Knusprigkeit. Die Börek-Rezepte in diesem Buch verwenden Fyllo-Teig – nehmen Sie fertig gekauften Teig, oder machen Sie sich Ihren eigenen, das Rezept steht auf S. 136.

Auf dem Land machen die Hausfrauen große Mengen Börek auf Backblechen, die nicht in normale Öfen passen. Sie bringen die Bleche in die Bäckerei und lassen die Böreks gegen ein Entgelt backen.

Normalerweise werden Böreks mit Spinat, Feta oder gewürztem Hackfleisch gefüllt. Sie können zu Zigarren gerollt, zu Dreiecken oder schlichten Vierecken geformt werden. Sogar Gemüse, Blattgemüse und Fisch oder Huhn werden zum Füllen größerer Böreks verwendet, die mit einer Joghurt-Knoblauch-Sauce oder vielleicht einem Salat aus Tomaten, Gurken und Oliven (Çoban Salatası, S. 127) als kleines Mittagessen serviert werden.

Die Spinat-Feta-Böreks meiner Mutter (S. 54) sind die leichtesten und besten, die ich je gegessen habe. Sie sind so gut, daß einmal eine Nachbarin mit den Zutaten auf einem Backblech bei uns zu Hause erschien und meine Mutter bat, sie für sie anzufertigen. Beim ersten Mal erfüllte meine Mutter ihr gern diesen Wunsch, aber sie war sehr überrascht, als andere Nachbarn mit derselben Bitte zu ihr kamen!

KATMER

BLÄTTRIGES BROT VOM BLECH
Für 12 Stück

Dieses klassische flache Brot kann mit der unten angegebenen Fleischfüllung, mit Peynirli (Käsefüllung, S. 48) oder mit Ispanakli (Spinatfüllung, S. 54) gemacht werden. Servieren Sie es mit Ayran oder mit einem Obstkompott (siehe Kapitel Desserts, Kompotte und Getränke).

- 600 g Mehl, etwas zum Bestäuben
- 4 Eier
- 1 TL Salz
- 50 g weiche Butter, etwas zum Bestreichen
- 1/3 l Wasser (20 °C)
- Ayran (S. 151) oder normaler Joghurt

KIYMALI (FLEISCHFÜLLUNG)

- 2 EL natives Olivenöl extra
- 1 kleine Zwiebel, fein gewürfelt
- 3 Knoblauchzehen, zerdrückt
- 750 g mageres Lamm- oder Rindfleisch
- 2 TL süßer Paprika
- 2 TL gemahlener Kreuzkümmel
- 2 TL türkischer roter Paprika oder scharfer Rosenpaprika
- 4 EL glatte Petersilie, fein gehackt
- Salz, schwarzer Pfeffer aus der Mühle

Für die Fleischfüllung das Olivenöl in einer mittelgroßen Pfanne erhitzen, Zwiebel und Knoblauch darin ca. 2 Minuten dünsten, nicht bräunen lassen. Gehacktes Lamm- oder Rindfleisch, süßen Paprika, Kreuzkümmel, türkischen roten Paprika und Petersilie unterrühren. Salzen und pfeffern. Die Mischung 5 Minuten köcheln lassen, gut dabei rühren, damit das Hackfleisch zerfällt. Die Pfanne vom Feuer nehmen und die Mischung abkühlen lassen.

Mehl in eine große Schüssel sieben. In der Mitte eine Mulde machen. Eier, Salz, Butter und Wasser zugeben. Gut durchmischen. Auf einer gut bemehlten Arbeitsfläche den Teig etwa 2 Minuten durchkneten, bis er glatt ist. Zu einer langen Rolle formen und mit einem scharfen Messer in 12 gleich große Stücke teilen.

Auf einer leicht gemehlten Arbeitsfläche jedes Stück zu einer Kugel formen. Mit einem feuchten Tuch bedecken und 15 Minuten ruhen lassen. Jedes Stück noch einmal 2 Minuten kneten, wieder zu einer Kugel formen, zudecken und wieder 15 Minuten ruhen lassen. Diesen Vorgang noch einmal wiederholen.

Die Teigkugeln mit Mehl bestäuben und jede mit dem Handballen plattdrücken. Jedes Stück zu einer runden Fläche mit ca. 35 cm Durchmesser ausrollen oder mit den Händen den Teig ausziehen, indem man ihn zwischen den Händen hin- und herschleudert. Die Füllung auf die Kreise verteilen. Den Teig wie einen Umschlag falten, ca. 15 cm breit und 20 cm lang.

Ein rundes Kuchenblech oder eine große Teflonpfanne mit Butter bestreichen und erhitzen. Die Katmer einzeln etwa 2 Minuten backen – dabei einmal umdrehen –, bis sie leicht gebräunt sind. Vor jedem Backgang das Blech mit Butter bestreichen. Mit Ayran oder Joghurt servieren.

~ Türkisches Landbrot (S. 46) und Rosinenkompott (S. 150)

Susamli ve Çörek Otlu Pide Ekmeği

FLADENBROT MIT SESAM UND SCHWARZKÜMMEL
Für 4 Stück

Das Fladenbrot für mein Restaurant lasse ich mir von einer Bäckerei liefern; es kommt jeden Morgen noch warm, und Sesam und Schwarzkümmel geben ihm ein würziges, nussiges Aroma. Fladenbrot ist aber auch einfach selbst herzustellen. Wenn es aus dem Ofen kommt, sollte es etwa 1,5 cm dick sein und einen knusprigen Rand haben.

Vorteig

1 Päckchen frische Hefe oder Trockenhefe
0,4 l warmes Wasser (40 °C)
1 TL Zucker

500 g Mehl
2 TL Salz
3 Eigelb
4 EL Milch
1 1/2 EL Sesamkörner
1 EL Schwarzkümmel, ganz
Stärke zum Bestäuben

In einer kleinen Schüssel Hefe, Zucker und 1 Tasse warmes Wasser verrühren, die Hefe gut auflösen. Die Mischung ca. 10 Minuten an einen warmen Ort stellen, bis sie Blasen wirft.
125 g Mehl in eine große Schüssel sieben. Hefemischung zugeben und gut vermengen. Die Schüssel mit Frischhaltefolie abdecken und Teig an einem warmen Ort 30 Minuten ruhen lassen, bis die Mischung schaumig aufgegangen ist. Das übrige Mehl dazusieben. Salz und das restliche Wasser zugeben und gut vermengen.
Den Teig auf eine leicht bemehlte Arbeitsfläche geben und mit Mehl bestäuben. Hände in Mehl tauchen und den Teig 10 Minuten kneten, bis er fest ist und nicht mehr klebt. Den Teig in eine leicht geölte Schüssel geben, mit Folie oder einem feuchten Tuch zudecken. 1 Stunde ruhen lassen bzw. bis der Teig sich verdoppelt hat.
Den Backofen auf 230 °C vorheizen. Einen Pizzastein auf den mittleren Rost des Ofens legen.
Den gegangenen Teig auf eine leicht bemehlte Arbeitsfläche geben, zusammenschlagen, damit die Luft entweicht, und flachdrücken. Den Teig zu einer Rolle formen und mit einem scharfen Messer in 4 gleich große Stücke schneiden. Jedes Stück zu einer Kugel formen und mit dem Handrücken flachdrücken. Die Teigstücke mit einem feuchten Tuch zudecken und 20 Minuten ruhen lassen.
Die Teigstücke mit dem Handballen noch flacher drücken, dann zu einem 20 cm großen Kreis ausrollen. Der Rand sollte knapp 1,5 cm dick sein.
Für die Glasur Ei und Milch leicht verquirlen. Die Fingerspitzen in die Eiermilch tauchen und fest auf die ganze Fläche jeder Pita aufdrücken, immer wieder anfeuchten. Pitas mit Sesam und Kümmel bestreuen.
Pizzastein mit Stärke bestäuben. Die Teigkreise auf dem Stein arrangieren und die Brote 10 Minuten backen. Sie sind gar, wenn sie hellbraun sind. Warm servieren.

Tip: Dieser Teig kann für dünneres Fladenbrot (das man taschenförmig aufschneidet) verwendet werden, indem man ihn auf 25 cm Durchmesser ausrollt und wie oben beschrieben bäckt. Wenn Sie die Brote aus dem Backofen nehmen, stellen Sie sie aufrecht nebeneinander, so aneinandergelehnt, daß die Luft noch zirkulieren kann. Mit einem Tuch abdecken und ein paar Minuten ruhen lassen. Das Brot wird dadurch weich, während die Kruste knusprig bleibt. Wenn Sie Taschen zum Füllen brauchen, lassen Sie das Brot vor dem Aufschneiden ganz auskühlen.

~~~~~~~~~~~~~~~~~~~~~~

Domates Yahnili ve Kaşar Peynirli Açik Pide

PITA MIT TOMATENSAUCE UND KAŞAR-KÄSE
Für 8 Stück

Diese »türkische Pizza« wird mit einer herrlich aromatischen Gewürzmischung namens Baharat gewürzt.

Tomatensauce

1 große Dose enthäutete Tomaten
1 kleine Zwiebel, fein gewürfelt
4 Knoblauchzehen, zerdrückt
3 EL natives Olivenöl extra
1 Lorbeerblatt
Salz, schwarzer Pfeffer aus der Mühle
1 Rezept Pitateig (S. 41)

750 g Kaşar-Käse, in dünne Scheiben geschnitten
Stärke zum Bestäuben
2 EL glatte Petersilie, fein gehackt

Baharat

2 TL getrockneter Oregano
1 TL türkischer roter Paprika oder scharfer Rosenpaprika
1 EL gemahlener Kreuzkümmel
Salz, schwarzer Pfeffer aus der Mühle

Für den Tomatenbelag Öl in einer kleinen Pfanne erhitzen, Zwiebel unter Rühren ca. 2 Minuten dünsten, nicht bräunen lassen. Knoblauch, Tomaten mit ihrem Saft und das Lorbeerblatt zugeben, salzen und pfeffern. Auf kleiner Hitze 8–10 Minuten köcheln lassen. Das Lorbeerblatt herausnehmen, Tomatensauce beiseite stellen.
Backofen auf 230 °C vorheizen. Einen Pizzastein auf den mittleren Rost des Backofens legen.

Den auf doppeltes Volumen aufgegangenen Teig auf einer leicht bemehlten Arbeitsfläche ausbreiten und die Luft herausschlagen. Den Teig zu einer Rolle formen und mit einem scharfen Messer in 8 gleich große Teile schneiden. Jedes Stück zu einer Kugel formen und mit dem Handballen flachdrücken. Die Teigstücke mit Folie oder einem feuchten Tuch abdecken und etwa 20 Minuten gehen lassen.
Jedes Stück Teig noch einmal flachdrücken. Mit einem Nudelholz zu einer runden Fläche mit 15 cm Durchmesser ausrollen. Die Tomatensauce auf die Teigkreise verteilen, 1,5 cm Rand frei lassen. Auf jede Pita 3 bis 4 Scheiben Käse legen.
Den Pizzastein mit Stärke bestreuen. Die Teigfladen darauf ca. 10 Minuten backen. In der Zwischenzeit die Zutaten für das Baharat mischen. Das Baharat auf die heiße »Pizza« streuen und mit der Petersilie garnieren. Heiß servieren.

~ VON OBEN NACH UNTEN: Pita nach Art des Südens mit Lammfleisch (S. 44), Pita mit Tomatensauce und Kaşar-Käse (oben), mit Ayran (S. 151) serviert
~~~~~~~~~~~~~~~~~~~~~~

~~~~~~~~~~~~~~~~~~~~~~~

Zeytinli, Kekikli ve Biberiyeli Ekmek

OLIVEN-KRÄUTER-BROT
Ergibt 2 Laibe

Dieses aromatische Brot wird auf dem Land meist zu besonderen Gelegenheiten gebacken.

Vorteig

- 1/8 l warmes Wasser (40 °C)
- 1 Päckchen frische Hefe oder Trockenhefe
- 2 TL Zucker

- 1/2 l Wasser (20 °C)
- 600 g Mehl, etwas zum Bestäuben
- 150 g Vollkornweizenmehl
- 5 EL natives Olivenöl extra, etwas Öl zum Bestreichen
- 1 EL Salz
- 100 g schwarze Oliven, entkernt und gehackt
- 1 EL Oregano, frisch oder getrocknet, gehackt
- 1 EL Rosmarin, frisch oder getrocknet, gehackt
- Stärke zum Bestäuben

Hefe, Zucker und 1/8 l warmes Wasser in einer kleinen Schüssel verrühren, bis sich die Hefe aufgelöst hat. Die Mischung 10 Minuten an einem warmen Ort stehen lassen, bis sie Blasen wirft.
Mehl in eine große Schüssel sieben. Vorteig, Olivenöl, Salz, Oliven, Oregano, Rosmarin und 1/2 l Wasser zugeben und gut vermischen. Den Teig auf eine leicht bemehlte Arbeitsfläche geben (vorzugsweise Marmor) und kneten, bis er glatt und glänzend ist (ca. 10 Minuten). Den Teig flachdrücken und Salz darüberstreuen. Die Oliven mit etwas Mehl bestäuben und auf dem Teig ausbreiten, Teig zusammenklappen und weitere 2 Minuten kneten, bis er glatt und elastisch ist. Wenn er noch klebt, etwas Mehl zugeben und 1 Minute kneten.
Den Teig in eine große, leicht geölte Schüssel geben und leicht mit Mehl bestäuben. Die Schüssel locker mit einem Tuch bedecken und an einem warmen, zugfreien Ort (26–30 °C) ca. 2 bis 2 1/2 Stunden ruhen lassen (bzw. bis der Teig auf das Doppelte aufgegangen ist).
Den gegangenen Teig auf einer leicht bemehlten Arbeitsfläche auslegen und die Luft herausschlagen. Teig halbieren. Jedes Stück ca. 4 Minuten kneten und zu einem runden Laib formen. Leicht mit Mehl bestäuben und ein Tuch darüberlegen. 1 1/2 Stunden ruhen lassen bzw. bis sie doppelt so groß sind (auch hier ist die beste Temperatur 26–30 °C).
Backofen auf 220 °C vorheizen. Einen Pizzastein auf den mittleren Rost plazieren. Damit das Brot gleichmäßig bäckt und eine schöne Kruste bekommt, ca. 20 Minuten vor dem Backen 1 l warmes Wasser in die Saftpfanne des Backofens geben. Statt dessen können Sie auch beim Backen in 5-Minuten-Abständen mit einer Sprühflasche kaltes Wasser in den Backofen spritzen.
Den Pizzastein mit Stärke bestäuben. Mit einem sehr scharfen kleinen Messer die Oberseite jedes Laibes ca. 1,5 cm tief einschneiden.
Die Laibe vorsichtig auf dem Pizzastein plazieren und 35–45 Minuten backen. Um zu prüfen, ob sie gar sind, mit dem Knöchel gegen die Unterseite klopfen; wenn es nicht hohl klingt, weitere 5 Minuten backen. Die fertigen Laibe aus dem Ofen nehmen und auf einem Gitter abkühlen lassen.

~~~~~~~~~~~~~~~~~~~~~~~

Lahmacun

PITA NACH ART DES SÜDENS MIT LAMMFLEISCH
Ergibt 8 Stück

Dieses Fladenbrot, das aus dem Südosten der Türkei stammt, ist im ganzen Land sehr beliebt. Sobald es aus dem Ofen kommt, können Sie die Ränder mit zerlassener Butter bestreichen. Es schmeckt aber auch so, wie es ist, köstlich. Garnieren Sie die Brote mit Zitronenachteln und Petersilienzweigen, und servieren Sie mit Joghurt oder Ayran.

Lammfleischbelag

- 250 g nicht zu mageres Lammfleisch, zweimal durch den Wolf gedreht
- 1 kleine Zwiebel, fein gewürfelt
- 3 Tomaten, enthäutet, entkernt und kleingewürfelt
- 1/2 Bund Petersilie, gehackt
- 3 Knoblauchzehen, zerdrückt
- 1 EL türkischer roter Paprika oder scharfer Rosenpaprika
- 2 TL süßer Paprika
- Salz
- 1/8 l kaltes Wasser

- 1 Rezept Pitateig (S. 41)
- Stärke zum Bestäuben
- Butter

Für den Belag alle Zutaten in eine Schüssel geben und gut vermischen. Salzen.
Den Backofen auf 230 °C vorheizen. Einen Pizzastein auf den mittleren Rost des Ofens legen.
Hände in Mehl tauchen. Auf einer kühlen, leicht bemehlten Arbeitsfläche (Marmor) den Teig auslegen, sobald er auf doppeltes Volumen aufgegangen ist. Die Luft herausschlagen und den Teig zu einer Rolle formen, mit einem scharfen Messer in 8 gleich große Stücke schneiden. Jedes Stück zu einer Kugel formen und mit dem Handballen flachdrücken. Mit Klarsichtfolie oder Tuch lose abdecken und an einem warmen Ort ca. 20 Minuten ruhen lassen.
Jedes Stück Teig noch einmal flachdrücken, zu einem 25 cm großen Kreis ausrollen. Die Lammfleischmischung auf die Teigscheiben verteilen, dünn verstreichen; einen 1,5 cm breiten Rand lassen.
Pizzastein mit Stärke bestäuben. Die Lahmacun 7 Minuten backen, bis das Fleisch gebräunt ist. Aus dem Ofen holen und die Ränder mit zerlassener Butter bestreichen. Heiß oder zimmerwarm servieren.

Nohutlu Köy Ekmeği

BAUERNBROT MIT KICHERERBSEN

Ergibt 1 Laib

Dieses köstliche Brot ist ein Rezept meiner Mutter. Durch die ganzen Kichererbsen erhält es eine besondere Note. Der Vorteig muß am Vortag angesetzt werden.

Vorteig

100 g getrocknete Kichererbsen
1/4 l warmes Wasser (40 °C)
4 EL Mehl
2 EL Zucker

Teig

3/4 l Wasser
5 frische oder getrocknete Lorbeerblätter
500 g Mehl, etwas Mehl zum Bestäuben
300 g Gerstenmehl
Salz
natives Olivenöl zum Bestreichen

Würzmischung

2 TL Fenchelsamen
1 EL Schwarzkümmel, ganz
1 EL Sesam, ganz
2 TL Mohn

Für den Vorteig die Hälfte der Kichererbsen in einer Kaffeemühle fein mahlen und in eine Schüssel geben. Die übrigen Kichererbsen, Wasser, Zucker und Mehl zugeben. Die Mischung verrühren, zudecken und über Nacht an einem warmen Ort (20–26 °C) gehen lassen.
Am nächsten Tag die Zutaten für die Garnitur mischen und beiseite stellen.
Für den Teig die Lorbeerblätter mit dem Wasser zum Kochen bringen und etwa 5 Minuten köcheln lassen. Das Wasser abgießen und auf Raumtemperatur abkühlen lassen. Alles Mehl mit Salz, Vorteig und Lorbeerwasser in eine große Schüssel geben und gut vermischen. Die Hände in Mehl tauchen und den Teig auf eine kühle, leicht bemehlte Arbeitsfläche geben (Holz oder Marmor) und ca. 2 Minuten kneten. Der Teig ist naß und klebrig, daher Hände immer wieder mehlen.
Teig in eine leicht geölte Schüssel geben und mit einem Tuch oder Folie abdecken. Den Teig an einem warmen Ort (24–26 °C) 4–5 Stunden bzw. bis er Blasen schlägt gehen lassen.
Den Backofen auf knapp 200 °C vorheizen.
Eine 5 cm hohe Backform mit 25 cm Durchmesser mit Öl ausstreichen. Den Teig – er sollte noch weich und klebrig sein – in die Form geben. Mit Olivenöl bestreichen und mit einem sehr scharfen Messer ein paarmal einschneiden. Mit der Würzmischung bestreuen. Damit das Brot gleichmäßig bäckt und eine braune Kruste bekommt, 20 Minuten vor Backbeginn 1/2 l kochendes Wasser in die Saftpfanne geben (man kann auch in den ersten 15 Minuten der Backzeit mit einer Sprühflasche in 5-Minuten-Abständen kaltes Wasser in den Backofen spritzen). Das Brot auf der mittleren Schiene in 30–35 Minuten goldbraun backen.
Brot aus der Form kippen. Mit einem Tuch abdecken und ein paar Minuten ruhen lassen. Die Oberfläche mit Olivenöl bestreichen, warm auftragen.

~~~~~~~~~~~~~~~~~~~~

Türk Ekmeği

TÜRKISCHES LANDBROT
Ergibt 2 Laibe

Im dem Dorf, in dem meine Mutter geboren wurde, backte man täglich Brot – mit einem Sauerteig, der bereits vor über 100 Jahren angesetzt worden war.

Sauerteig

200 g Mehl
$^1/_4$ TL frische oder Trockenhefe
1 EL Zucker
0,2 l lauwarmes Wasser (24–26 °C)

Für den Sauerteig $^1/_3$ des Mehls, Hefe, Zucker und 4 EL lauwarmes Wasser in einen Plastikbehälter geben. Die Mischung gut durchrühren, zudecken und über Nacht bei Zimmertemperatur gären lassen.
Am nächsten Tag $^1/_3$ des Mehls und 4 EL Wasser in den Behälter geben, zudecken und eine weitere Nacht bei Zimmertemperatur stehen lassen. Noch einmal wiederholen.
Am vierten Tag ist der Sauerteig fertig. Er kann bis zu 4 Tage lang im Kühlschrank aufbewahrt werden. Wenn Sie Brot backen wollen, etwa 2 Stunden vor Verarbeitung bei Zimmertemperatur warm werden lassen.

Teig

$^1/_8$ l warmes Wasser (gut 40 °C)
20 g frische Hefe oder $^1/_2$ Packung Trockenhefe
1 EL Zucker
750 g Mehl, etwas zum Bestäuben
$^1/_2$ l lauwarmes Wasser (22 °C)
Salz
Maisstärke zum Bestäuben

Hefe, Zucker und warmes Wasser in einer kleinen Schüssel verrühren, bis sich die Hefe aufgelöst hat, und an einem warmen Ort etwa 10 Minuten stehen lassen, bis der Ansatz Blasen wirft. Das Mehl in eine große Schüssel sieben, den Hefeansatz, den Sauerteig, 1 EL Salz und $^1/_2$ l lauwarmes Wasser zugeben und gut vermengen.
Die Hände in Mehl tauchen. Teig auf eine leicht bemehlte Arbeitsfläche geben (Marmor oder Holz) und ca. 10 Minuten gut durchkneten, bis er glatt und glänzend ist. Wenn er klebt, etwas Mehl zugeben und noch kneten. Mehl über den Teig stäuben und 2 bis 2 $^1/_2$ Stunden an einem warmen Ort zu doppeltem Volumen aufgehen lassen.
Den Teig wieder auf die leicht bemehlte Arbeitsfläche legen und die Luft herausschlagen. Den Teig halbieren, jedes Stück 2 Minuten durchkneten und zu einem ovalen Laib formen. Mit Mehl bestäuben, mit einem Tuch abdecken und 45 Minuten wieder auf doppeltes Volumen gehen lassen.
Den Backofen auf 220 °C erhitzen und einen Pizzastein auf die mittlere Schiene legen. Damit das Brot gleichmäßig bäckt und eine braune Kruste bekommt, 20 Minuten vor Backbeginn $^1/_2$ l kochendes Wasser in die Saftpfanne geben (man kann auch in den ersten 15 Minuten der Backzeit mit einer Sprühflasche in 5-Minuten-Abständen kaltes Wasser in den Backofen spritzen).
Die gegangenen Laibe mit einem sehr scharfen Messer 1,5 cm tief einschneiden. Die Laibe vorsichtig auf den mit Stärkemehl bestäubten Stein geben und 40 Minuten backen.
Um zu prüfen, ob die Laibe gar sind, mit dem Fingerknöchel auf die Unterseite klopfen; wenn es nicht hohl klingt, weitere 5 Minuten backen. Laibe aus dem Backofen nehmen und auf einem Gitter auskühlen lassen.

~ IM UHRZEIGERSINN VON OBEN: Oliven-Kräuter-Brot (S. 44), Pita mit Sesam und Schwarzkümmel (S. 41), Blättriges Brot vom Blech (S. 40)
~~~~~~~~~~~~~~~~~~~~

Çerkez Puf Böreği

TSCHERKESSISCHER BÖREK
Ergibt 30 Stück

Dieser Börek wird mit Käsefüllung (Peynirli) oder mit Fleischfüllung (Kiymali, S. 40) gemacht.

400 g Mehl, etwas Mehl zum Bestäuben
1 EL Salz
3 Eigelb, leicht verquirlt
1 Becher Joghurt
1/8 l Milch
1 EL Zitronensaft
6 EL Butterschmalz
0,5 l leichtes Olivenöl oder Pflanzenöl

Peynirli (Käsefüllung)

350 g Feta, zerkrümelt
1 Ei
8 EL frischer Dill, fein gehackt

Für die Füllung Käse, Ei und Dill in einer Schüssel mischen. Beiseite stellen.
Für den Teig Mehl und Salz auf eine Arbeitsfläche – vorzugsweise Marmor oder Holz – oder in eine große Schüssel sieben. Eine Mulde in die Mitte machen und Eigelb, Joghurt, Zitronensaft und Milch hineingeben. Die Zutaten in das Mehl einarbeiten. Teig auf eine leicht bemehlte Arbeitsfläche geben und 5 Minuten lang gut durchkneten bzw. bis er glatt und glänzend ist. Zu einem Ball formen, mit einem feuchten Tuch zudecken und 20 Minuten ruhen lassen.
Den Teig auf eine leicht bemehlte Arbeitsfläche geben und etwas Mehl darüberstäuben. Zu einer runden Fläche mit ca. 50 cm Durchmesser dünn ausrollen. Das zerlassene Butterfett über den Teig verteilen.
Mit einem scharfen Messer den Teig vom Rand zur Mitte hin 8mal ca. 15 cm weit einschneiden, in der Mitte des Teigs einen Kreis mit ca. 10 cm Durchmesser ganz lassen. Jedes Stück zur Mitte hin falten und übereinanderlegen (siehe Skizze), mit einem feuchten Tuch zudecken und 30 Minuten ruhen lassen.
Die Arbeitsfläche und den Teig leicht mit Mehl bestäuben, damit der Teig nicht festklebt. Den Teig zu einem Kreis mit ca. 60 cm Durchmesser ausrollen – er sollte sehr dünn sein. Mit einem 10-cm-Ring 30 Teigkreise ausstechen.

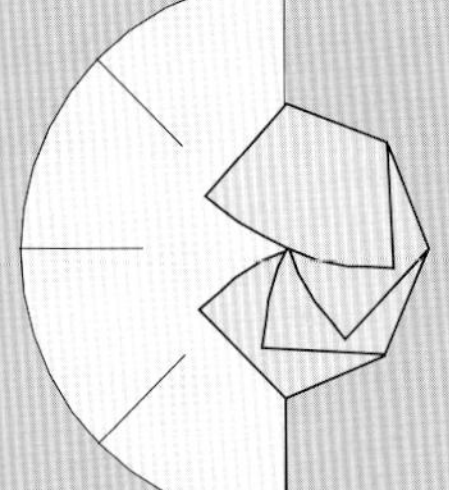

Etwas Käse- oder Fleischfüllung in die Mitte jedes Kreises geben. Den Teig halbmondförmig zusammenklappen, Kanten mit einer Gabel fest zusammendrücken.
Olivenöl in einem tiefen Fritiertopf sehr heiß werden lassen (ca. 200 °C), damit sich die Böreks nicht voll Fett saugen. Zum Test einen Börek vorsichtig ein kleines Stück ins Öl tauchen; wenn das Öl aufschäumt, ist es heiß genug. Jedes Stück fritieren, bis es goldbraun ist (das dauert ca. 4 Minuten). Die Böreks auf Küchenpapier abtropfen lassen. Heiß servieren.

Mercimekli Ispanakli Bükme Böreği

LINSEN-SPINAT-BÖREK
Ergibt 9 Böreks

Dieses Rezept stammt aus den Küstenregionen der Türkei an Ägäis und östlichem Mittelmeer.

500 g Mehl, etwas Mehl zum Bestäuben
1/2 TL Salz
2 Eier, leicht verquirlt
1 EL Weißweinessig
1/4 l gekühltes Wasser
350 g Butter, gekühlt

Füllung

2 EL natives Olivenöl
1 Bund Frühlingszwiebeln, nur weiße Teile, fein gehackt
2 kleine Tomaten, enthäutet, entkernt, fein gehackt
100 g grüne Linsen (Trockengewicht), gekocht
Salz, schwarzer Pfeffer aus der Mühle

Glasur

1 Eigelb
2 EL Milch

Für den Teig Mehl und Salz auf eine kühle Arbeitsfläche – vorzugsweise Marmor oder Holz – oder in eine große Schüssel sieben. Eine Mulde in der Mitte machen und Eier, Essig und Wasser hineingeben. Die Zutaten langsam in das Mehl einarbeiten, bis ein fester Teig entsteht. Auf der leicht bemehlten Arbeitsfläche ca. 8 Minuten kneten bzw. bis er glatt ist. Den Teig zu einem runden Laib formen und mit einem scharfen Messer einschneiden. Fest in Plastikfolie

wickeln und mindestens 1 Stunde kalt stellen.
Backofen auf 200 °C vorheizen.
Für die Füllung das Öl in einer Pfanne erhitzen und die Frühlingszwiebeln bei Mittelhitze 2 Minuten dünsten.
Spinat und Tomaten einrühren und 2 Minuten dünsten.
Die Mischung vom Feuer nehmen und Linsen zugeben, salzen und pfeffern. Die Füllung abkühlen lassen.
Den gekühlten Teig auf der leicht bemehlten Arbeitsfläche zu einem Quadrat mit 50 cm Kantenlänge ausrollen.
Butter in ein feuchtes Tuch einschlagen, flachklopfen und mit einem Nudelholz zu einem Quadrat mit 16 cm Seitenlänge ausrollen.
Das Buttereviereck in die Mitte des Teigs legen und den Teig über die Butter klappen. Den Teig erneut zu einem 50-cm-Quadrat ausrollen. Die Arbeitsfläche und den Teig mit Mehl bestäuben, damit der Teig nicht festklebt. Den Teig in 12 Rechtecke schneiden.

Die Linsen-Spinat-Füllung in 12 Portionen teilen und auf die Teigstücke verteilen. Den oberen und den unteren Teil des Teigs über die Füllung klappen und die Ränder mit den Fingerspitzen fest zusammendrücken.
Ein Backblech mit Backpapier auslegen und die Böreks mit der doppelten Teigseite nach oben auf das Blech legen.
Eigelb und Milch für die Glasur vermischen, jedes Stück damit bestreichen. Die Böreks etwa 30 Minuten backen, bis sie goldbraun sind. Heiß servieren.

~ Tscherkessischer Börek und zwei Linsen-Spinat-Böreks

Manti

MIT LAMMHACK GEFÜLLTE TEIGTASCHEN MIT JOGHURT-KNOBLAUCH-SAUCE
Für 6 Portionen

Diese kleinen Teigtaschen sind eine Spezialität der östlichen und südlichen Türkei. Die Zubereitung ist sehr zeitraubend, aber sie schmecken köstlich.
Zum Teigausrollen brauchen Sie ein ca. 80 cm langes Nudelholz mit 2 cm Durchmesser (Oklava). Ein Stück von einem hölzernen Besenstiel tut's auch.

- 250 g Mehl, etwas Mehl zum Bestäuben
- 1 TL Salz
- 2 Eier, leicht verquirlt
- 1 EL natives Olivenöl
- 1/8 l kalte Milch
- 1 l Lammbrühe (S. 58) oder Hühnerbrühe (S. 58)
- 1 Rezept Joghurt-Knoblauch-Sauce (S. 13)

Füllung

- 250 g mageres Lamm- oder Rinderhackfleisch
- 1 kleine Zwiebel, fein geraspelt
- 4 EL glatte Petersilie, fein gehackt
- Salz, schwarzer Pfeffer aus der Mühle

Garnitur

- 80 g Butterschmalz
- 1 TL süßer Paprika
- 1/2 TL roter türkischer Paprika oder scharfer Rosenpaprika
- 1 TL getrocknete Minze

Mehl und Salz in eine große Schüssel sieben. Mulde in der Mitte machen, Eier, Öl und Milch zugeben, gut vermischen. Die Mischung auf eine leicht bemehlte Arbeitsfläche geben und sanft ca. 8 Minuten kneten, dabei ab und zu Teig und Hände mit Mehl bestäuben, damit er nicht klebt. Den Teig mit einem feuchten Tuch zudecken und 45 Minuten ruhen lassen.
Für die Füllung Hackfleisch, Zwiebel und Petersilie in eine kleine Schüssel geben, salzen und pfeffern. Schüssel zudecken und kalt stellen. Backofen auf 200 °C vorheizen.
Den Teig auf die leicht bemehlte Arbeitsfläche geben. Mit der Oklava sehr dünn (ca. 2 mm) zu einem Kreis mit 60 cm Durchmesser ausrollen. Die Arbeitsfläche immer wieder mit Mehl bestäuben, damit der Teig nicht kleben bleibt. Den Teig in 5 cm breite Streifen schneiden und quer dazu noch einmal, so daß 80 Quadrate entstehen.
Auf jedes Quadrat 1/2 TL Füllung geben. Die Ecken hochschlagen und mit den Fingerspitzen fest zusammendrehen. Jede Teigtasche behutsam etwas flachdrücken. Während der Arbeit immer wieder die Finger in Mehl tauchen.
Die Taschen in eine leicht gefettete, 5 cm tiefe Backform geben. Etwa 15 Minuten backen, bis sie leicht gebräunt sind. Die Form aus dem Ofen nehmen und die Brühe darübergießen. Form in den Ofen zurückstellen, Hitze auf 160 °C reduzieren und weitere 10 Minuten backen.
In einer kleinen Pfanne das Butterschmalz für die Garnitur erhitzen und süßen sowie scharfen Paprika und Minze einrühren. Die warmen Teigtaschen mit einem Schaumlöffel auf eine Platte heben. Die Joghurt-Knoblauch-Sauce darübergießen und vor dem Servieren ein wenig von der Garnitur auf jede Tasche löffeln.

~ VON OBEN NACH UNTEN: Mit Lammhack gefüllte Teigtaschen und Joghurt-Knoblauch-Sauce, Börek mit Mangold und Walnüssen (S. 52), serviert mit türkischem Tee (S. 150)

Pazili ve Cevizli Kol Böreği

BÖREK MIT MANGOLD UND WALNÜSSEN
Ergibt 8 Böreks

750 g Mangold, grob geschnitten
6 EL natives Olivenöl
125 g Butterschmalz
100 g Walnüsse, grob gehackt
1/2 Bund Frühlingszwiebeln, nur weiße Teile, fein gehackt
2 Eier
180 g Feta, zerkrümelt
1 TL türkischer roter Paprika oder scharfer Rosenpaprika
500 g Yufka- oder Fyllo-Teig, 20–22 Blätter
4 EL Milch
Salz, schwarzer Pfeffer aus der Mühle

Glasur

2 Eigelb
2 EL Milch

Den gehackten Mangold mit 1/4 l Wasser dünsten, bis er zusammenfällt. Gut abtropfen lassen und ausdrücken.
In einer großen Pfanne 3 EL Olivenöl und 3 EL Butterschmalz erhitzen. Walnüsse und Frühlingszwiebeln zugeben und bei mittlerer Hitze 2 Minuten unter Rühren dünsten. Mangold zugeben und 2 Minuten weiterdünsten, mit einem Holzlöffel rühren. Die Pfanne vom Feuer nehmen und die Mischung abkühlen lassen. 1 Ei, Feta und türkischen roten Paprika zugeben. Salzen und pfeffern. Gut vermischen und beiseite stellen. Backofen auf 200 °C vorheizen.
Das restliche Butterschmalz schmelzen und mit der Milch, dem anderen Ei und dem übrigen Olivenöl gut vermischen. Etwas von dieser Mischung auf ein ca. 35 x 45 cm großes Backblech streichen. Den Teig entrollen, 1 Blatt auf eine Arbeitsfläche legen und mit der Butter-Öl-Mischung bestreichen. Die Blätter aufeinanderstapeln, dabei jedes mit der Butter-Öl-Mischung bestreichen.
Die Mangoldfüllung gleichmäßig auf dem Teig verteilen. Den Teig mit der Füllung aufrollen, die beiden Enden einstecken. Die Rolle auf das Backblech mit der Naht nach unten legen. Eigelb und Milch verquirlen und die Rolle ganz damit bestreichen.
Ca. 35 Minuten backen, bis die Rolle goldbraun ist. 10 Minuten stehen lassen, dann von jedem Ende etwa 3 cm wegschneiden. Die Rolle in 5 cm breite Stücke aufschneiden und servieren.

Su Böreği

WASSER-BÖREK
Ergibt 12 große oder 24 kleine Böreks

Das ist wahrlich der König der Böreks. Die Zubereitung ist zwar sehr zeitaufwendig, aber das Resultat ist köstlich und wesentlich leichter als andere Böreks. Als Kind kaufte ich mir Wasser-Böreks in einem Börekçi – einem Laden, der nur Böreks macht – und aß sie zum Frühstück mit einem Glas Milch.
Ich geben Ihnen hier zwei verschiedene Rezepte für Füllungen. Zur Herstellung brauchen Sie eine Oklava oder einen 2 cm dicken Besenstiel, von dem Sie ein 80 cm langes Stück abschneiden. Yufka-Teig können Sie sich auch in türkischen Supermärkten besorgen.

Käsefüllung

1 Bund Frühlingszwiebeln, nur weiße Teile, gehackt
350 g Feta, zerkrümelt
4 EL glatte Petersilie, grob gehackt
2 Eier
1/8 l Tasse Milch

Fleischfüllung

2 EL natives Olivenöl extra
1 kleine Zwiebel, gewürfelt
3 Knoblauchzehen, zerdrückt
1 kg mageres Lamm- oder Rinderhackfleisch
2 mittelgroße Tomaten, enthäutet und gehackt
1 Bund glatte Petersilie, grob gehackt
Salz, Pfeffer aus der Mühle

Teig

400 g Mehl
Salz
5 Eier, zimmerwarm
1/8 l Wasser, zimmerwarm (gut 20 °C)
80 g Stärke

250 g Butterschmalz
2,5 l Eiswürfel

Glasur

2 Eigelb
4 EL Milch

Bereiten Sie die Füllung Ihrer Wahl zu. Für die Käsefüllung alle Zutaten in einer Schüssel mischen und beiseite stellen. Für die Fleischfüllung das Olivenöl in einer großen Pfanne erhitzen und die Zwiebeln weich dünsten, nicht braun werden lassen. Knoblauch, Lammhack, Tomaten, Petersilie, Salz und Pfeffer zugeben und gut durchrühren. Die Hitze reduzieren und die Mischung dünsten, bis fast die ganze Flüssigkeit absorbiert ist (ca. 15 Minuten). Füllung abkühlen lassen.

Für den Teig das Mehl mit dem Salz auf eine Arbeitsfläche sieben, vorzugsweise aus Holz. In der Mitte eine Mulde machen, Eier und Wasser hineingeben und Zutaten zu einem Teig verarbeiten. Den Teig kneten, bis er glatt und glänzend ist (ca. 5 Minuten), dabei ab und zu Hände und Teig mit Stärke bestäuben, damit der Teig nicht klebt.

Teig mit einem feuchten Tuch zudecken und etwa 30 Minuten bei Zimmertemperatur ruhen lassen. Noch einmal 4 Minuten kneten, mit einem feuchten Tuch bedecken und weitere 30 Minuten ruhen lassen.

Arbeitsfläche und Teig leicht mit Stärke bestäuben. Teig zu einem Quadrat von etwa 60 cm Seitenlänge ausrollen und in 16 gleich große Stücke schneiden.

Teigstücke mit dem Handballen flachdrücken, mit Stärkemehl bestäuben und so ausbreiten, daß sie einander nicht berühren. Mit einem feuchten Tuch zudecken und 15 Minuten ruhen lassen.

Mit dem Nudelholz jedes Teigstück zu einem Kreis mit 30 cm Durchmesser ausrollen, beide Seiten leicht mit Stärkemehl bestäuben. In 2 Stapeln zu 8 Stücken aufschichten und mit einem feuchten Tuch abdecken.

Mit einer Oklava jedes Stück Teig ausrollen. Dazu die Oklava in die Mitte des Teigs drücken und zu sich her rollen, mehrmals wiederholen, dann den Teig mit einer raschen Bewegung ein Stück drehen. Jede Teigplatte sollte so dünn wie möglich auf ein Oval von etwa 35 x 50 cm Größe ausgewalzt werden.

Die Teigplatten leicht mit Stärkemehl bestäuben, aufeinanderstapeln und mit einem feuchten Tuch bedecken.

Backofen auf 180 °C vorheizen.

In einem tiefen Bräter, der etwas größer ist als eine Teigplatte, 2 l Wasser mit 1 TL Salz zum Kochen bringen, Hitze reduzieren. Die Eiswürfel und 1,5 l Wasser in einen weiteren Bräter von gleichem Format geben und neben den Herd stellen. Der gekochte Börek-Teig wird in dieses kalte Wasser getaucht, damit er nicht weitergart. Stellen Sie ein großes Sieb mit der Öffnung nach unten neben die Eiswasserpfanne, und decken Sie sie mit einem Tuch ab; darauf wird der gekochte Teig zum Trocknen drapiert.

Ein 30 x 50 cm großes Backblech mit Butterschmalz ausstreichen und beiseite stellen.

Die Teigplatten einzeln in das simmernde Wasser geben und mit einem Schaumlöffel behutsam 25–30 Sekunden im Wasser hin und her bewegen. Dann vorsichtig mit 2 Schaumlöffeln herausheben und in das Eiswasser fallen lassen, 10–15 Sekunden abkühlen lassen. (Wenn die Eiswürfel schmelzen, frische zugeben und etwas Wasser abschöpfen.) Den Teig auf das Sieb legen und mit einem Geschirrtuch trockentupfen. Auf das Backblech legen und mit Butterschmalz bestreichen. Füllung auf dem Teig verteilen.

Den Vorgang Kochen, Kühlen, Trocknen mit den anderen Teigplatten wiederholen, mit Füllung abwechselnd einschichten, dabei den Teig mit Butterschmalz bestreichen.

In einer kleinen Schüssel Eigelb und Milch verquirlen, den Teig damit bestreichen. Teig entweder in 12 oder 24 Stücke schneiden, je nachdem wie groß Sie die Böreks haben wollen. 45–50 Minuten backen, bis die Oberfläche goldbraun ist. Bei Zimmertemperatur 10 Minuten stehen lassen, in Stücke teilen und heiß servieren.

Tip: Sollte der Teig beim Verarbeiten reißen, einfach mit einem Teigstück flicken.

~~~~~~~~~~~~~~~~~~~~~~

Ispanakli Peynirli Tepsi Böreği

SPINAT-FETA-BÖREK

Ergibt 12 große oder 24 kleine Böreks

Füllung

1,5 kg frischer Spinat, geputzt
4 EL natives Olivenöl extra
4 EL Butterschmalz
1 Bund Frühlingszwiebeln, nur weiße Teile, fein gehackt
2 Eier
350 g Feta, zerkrümelt
6 EL glatte Petersilie, fein gehackt
Salz, schwarzer Pfeffer aus der Mühle

Teig

4 EL Butterschmalz
5 EL Milch
4 EL natives Olivenöl extra
1 Ei
500 g Yufka- oder Fyllo-Teig, 22–25 Blätter

Backofen auf 200 °C vorheizen.
Für die Füllung den Spinat mit 1/4 l kochendem Wasser bei mittlerer Hitze unter häufigem Rühren dünsten, bis er weich ist. Den Spinat gut abtropfen lassen, ausdrücken und hacken. Olivenöl und Butterschmalz erhitzen, Frühlingszwiebel und Spinat zugeben und bei mittlerer Hitze 2 Minuten dünsten. Abkühlen lassen. Eier, Feta und Petersilie in die Spinatmischung geben, salzen und pfeffern. Beiseite stellen.
Für den Teig zerlassenes Butterschmalz mit Milch, Olivenöl und Ei in einer Schüssel mischen. Ein 35 x 45 cm großes Backblech mit der Mischung ausstreichen. Den Teig vorsichtig auseinanderrollen und 1 Blatt auf das Blech legen. Mit etwas Buttermischung bestreichen. Ein zweites Blatt darauflegen und ebenfalls bestreichen, 10mal wiederholen. Über den restlichen Teig ein feuchtes Tuch legen, damit er nicht austrocknet.
Die Spinatmischung gleichmäßig auf dem Teig in der Form verteilen. Mit einem Teigblatt belegen, Teig mit Buttermischung bestreichen und wiederholen, bis der Fyllo-Teig aufgebraucht ist. Eigelb und Milch verrühren, damit die Oberfläche bepinseln. Teig mit einem scharfen Messer in 12 Quadrate oder 24 Dreiecke schneiden. 20 Minuten backen, Hitze auf 160 °C verringern und weitere 20 Minuten backen. Die Böreks sind fertig, wenn die Oberfläche hellbraun und knusprig ist. Vor dem Servieren 10 Minuten stehen lassen.

~ OBEN: Wasser-Börek (S. 52),
UNTEN: Spinat-Feta-Böreks mit einem Glas Ayran (S. 151)
~~~~~~~~~~~~~~~~~~~~~~

Suppen

Viele türkische Mahlzeiten, auch manches Frühstück oder ein mitternächtlicher Imbiß, beginnen mit einer Suppe. So beliebt sind Suppen in der Türkei, daß es Restaurants gibt, die ausschließlich Suppen servieren; sie heißen Çorbacı. Manche haben sich sogar auf ein bestimmte Suppe spezialisiert. Restaurants, die İşkembe Çorbası – die berühmte Kuttelsuppe – anbieten, sind bis lange in die Nacht geöffnet, weil man glaubt, dieses handfeste Gericht wäre gut gegen Kater. Häufig geben Zitronensaft und Essig den Suppen eine herzhafte Würze. Wie bei allen türkischen Gerichten üblich, werden manche Suppen nur in der warmen Jahreszeit und manche in der kalten serviert.

Eine fein gewürzte weiße Suppe mit Joghurt und Minze oder eine leuchtendrote Suppe aus reifen Tomaten ist perfekt für einen Sommerabend geeignet. Ein herzhafter dicker Eintopf mit Bohnen, Gemüse und vielleicht Huhn oder einem Stück Lamm ist ein komplettes winterliches Mittag- oder Abendessen.

Ich habe viele Lieblingssuppen: zwei davon sind die Suppe, die mit Tarhana – einem stark gewürzten Teig, dessen Herstellung bis zu zwei Wochen dauern kann – zubereitet wird (S. 70), und die Anchovissuppe (S. 64); original wird sie aus frischen Hamsi, einer Sardellenart, gemacht, die in der türkischen Schwarzmeerregion sehr beliebt sind. Dieses Rezept stammt von einem Onkel, der sie für mich zubereitet hat, als ich noch ein Kind war.

Tavuk Suyu

HÜHNERBRÜHE
Ergibt 2 l

1,5 kg Hühnerkarkasse mit etwas Fleisch an den Knochen
1 kleine Zwiebel, grob gehackt
2 Stangen Bleichsellerie, grob gehackt
2 Stangen Lauch, nur die weißen Teile, grob gehackt
1 große Karotte, grob gehackt
2 Knoblauchzehen, zerdrückt
1 Lorbeerblatt, getrocknet oder frisch
2 ganze Nelken
6 schwarze Pfefferkörner, zerdrückt
4 Stengel glatte Petersilie

Die Hühnerknochen mit 2 l kaltem Wasser, Gemüse, Knoblauch, Lorbeerblatt, Nelken, Pfefferkörnern und Petersilie in einem großen Topf zum Kochen bringen. Hitze reduzieren und 1 Stunde leicht brodelnd kochen lassen. Den Schaum, der sich absetzt, von Zeit zu Zeit abschöpfen. Falls nötig, heißes Wasser nachgießen, damit Knochen und Gemüse bedeckt bleiben.
Die Brühe durch ein Haarsieb oder ein doppelt gelegtes Mulltuch abgießen und offen abkühlen lassen. Zugedeckt kalt stellen und das fest gewordene Fett abnehmen (anderweitig verwenden). Die Brühe läßt sich auch gut einfrieren. Im Kühlschrank hält sich Hühnerbrühe bis zu einer Woche.

Et Suyu

LAMMBRÜHE
Ergibt 2 l

1,5 kg Lammhaxenknochen mit etwas Fleisch
1 mittelgroße Zwiebel, grob gehackt
2 Stangen Bleichsellerie, grob gehackt
2 Stangen Lauch, nur die weißen Teile, grob gehackt
1 große Karotte, grob gehackt
2 Knoblauchzehen, zerdrückt
1 getrocknetes oder frisches Lorbeerblatt
1 Zweig frischer Thymian
4 Stengel glatte Petersilie
6 schwarze Pfefferkörner, zerdrückt

Backofen auf 250 °C vorheizen.
Die Lammknochen auf einem Backblech verteilen. Im Ofen braten, bis sie rundum gebräunt sind (ca. 1 Stunde), gelegentlich wenden.
Ausgebratenes Fett abgießen und die Knochen in einen tiefen Topf geben. 2,5 l Wasser und alle übrigen Zutaten zugeben. Zum Kochen bringen, Hitze reduzieren und ca. 4 Stunden köcheln lassen. Sich absetzenden Schaum ab und zu abschöpfen. Falls nötig, heißes Wasser aufgießen, damit Knochen und Gemüse bedeckt bleiben.
Die Brühe durch ein feines Sieb oder ein doppelt gelegtes Mulltuch abgießen. Offen abkühlen lassen. Zudecken und kalt stellen. Fest gewordene Fettschicht abheben, wegwerfen. Im Kühlschrank hält sich Lammbrühe bis zu einer Woche.

~ LINKS: Hühnersuppe mit Reis, Ei und Zitrone (S. 63),
RECHTS: Anatolische Joghurtsuppe (S. 60)

Balik Suyu

FISCHBRÜHE
Ergibt 2 l

- 1,5 kg Fischgräten und -abschnitte
- 1 kleine Zwiebel, grob gehackt
- 2 Stangen Bleichsellerie, grob gehackt
- 2 Stangen Lauch, nur weiße Teile, grob gehackt
- 1 große Karotte, grob gehackt
- 2 Knoblauchzehen, zerdrückt
- 1 Lorbeerblatt, getrocknet oder frisch
- 1 Zweig frischer Thymian
- 4 Stengel Petersilie
- 6 schwarze Pfefferkörner, zerdrückt
- 1 EL Salz

Die Fischkarkassen unter fließendem kaltem Wasser waschen. Mit 1,5 l kaltem Wasser und den übrigen Zutaten in einem tiefen Topf zum Kochen bringen, Hitze reduzieren, den Topf zudecken und ca. $^1/_2$ Stunde köcheln lassen. Schaum vorsichtig abschöpfen.
Den Sud durch ein feines Sieb oder ein doppelt gelegtes Mulltuch abgießen. Offen auskühlen lassen. Schüssel zudecken und kalt stellen. Vor der Verwendung oder dem Einfrieren die gelierte Schicht an der Oberfläche entfernen. Fischbrühe hält sich im Kühlschrank bis zu einer Woche.

Yayla Çorbasi

ANATOLISCHE JOGHURTSUPPE MIT REIS UND MINZE
Für 4–6 Portionen

In der türkischen Küche gibt es viele verschiedene Arten von Joghurtsuppen, für die alle möglichen Getreidesorten und Kräuter verwendet werden. Die meisten kommen aus Anatolien und der Osttürkei, aber sie sind überall sehr beliebt. Diese wunderbare leichte Suppe, die nach den Hochebenen (Yayla) benannt ist, wird mit Minze gewürzt. Mehl und Eigelb verhindern, daß der Joghurt gerinnt.

- 1,25 l Hühnerbrühe oder Wasser
- 200 g Langkornreis
- 2 EL Butterschmalz
- 3–4 Becher Joghurt
- 2 EL Mehl
- 3 Eigelb
- 2 EL getrocknete Minze
- Salz

Garnitur

- 2 EL Butter
- 1 EL Paprika
- 1 EL getrocknete Minze

Brühe mit Reis und Butterschmalz in einem mittelgroßen Topf zum Kochen bringen, auf Mittelhitze reduzieren und ca. 30 Minuten köcheln lassen, bis der Reis weich ist. Joghurt mit Mehl und Eigelb glattrühren. Die Mischung in die Suppe rühren. Minze zugeben und salzen. Weitere 10 Minuten köcheln lassen, bis die Suppe eine cremige Konsistenz hat.
Butterschmalz in einer kleinen Pfanne auf niedriger Hitze zerlassen, Paprika und Minze zugeben und unter Rühren erhitzen, bis die Masse anfängt zu brodeln. Die Suppe in Portionsschüsseln geben und mit der Minz-Paprika-Butter beträufeln. Sofort servieren.

Ispanakli Yoğurt Çorbasi

SPINAT-JOGHURT-SUPPE
Für 4–6 Portionen

Diese Spinat-Joghurt-Suppe ist schnell und einfach gemacht. Mit ihrer herrlichen hellgrünen Farbe ist sie perfekt für einen Sommertag.

500 g frischer Spinat (netto, nur Blätter)
1,25 l Hühnerbrühe oder Wasser
2 EL Butterschmalz
1 kleine Zwiebel, feingeraffelt
Salz, schwarzer Pfeffer aus der Mühle
3–4 Becher Joghurt
2 EL Mehl
3 Eigelb
1 1/2 EL Zitronensaft

Garnitur

2 EL Butterschmalz
1 EL süßer Paprika

Spinat und Brühe in einen großen Topf geben. Zum Kochen bringen, Hitze reduzieren. Mit einem Schaumlöffel die Spinatblätter herausheben, feinhacken und beiseite stellen. Brühe aufbewahren.
In einem mittelgroßen Topf die Butter erhitzen, bei Mittelhitze Zwiebel ca. 2 Minuten dünsten, nicht braun werden lassen. Den gehackten Spinat einrühren. Brühe zugeben, salzen und pfeffern. Topf zudecken und ca. 15 Minuten kochen lassen.
In der Zwischenzeit Joghurt, Mehl, Eigelb und Zitronensaft mischen. Die Joghurtmischung durch ein Sieb in die Suppe passieren und gut unterrühren. Hitze reduzieren und 10 Minuten sanft ziehen lassen, nicht kochen.
Butterschmalz in einer kleinen Pfanne zerlassen, Paprika einrühren und erhitzen, bis die Mischung zu brodeln beginnt. Die Suppe in Teller verteilen und mit der Paprikabutter beträufeln. Sofort servieren.

Naneli Kuru Bezelye Çorbasi

ERBSENSUPPE MIT MINZE
Für 4–6 Portionen

In dieser samtigen Suppe ergänzen sich die Minze und die Erbsen wunderbar.

1 EL natives Olivenöl extra
1 EL Butterschmalz
1 kleine Zwiebel, fein geraffelt
300 g Trockenerbsen, über Nacht eingeweicht und abgetropft
1,5 l Hühnerbrühe oder Wasser
4 EL Maisstärke
1 EL getrocknete Minze
Salz, weißer Pfeffer aus der Mühle
2 EL Sahne
Croûtons (optional)

Olivenöl und Butterschmalz in einem mittelgroßen Topf erhitzen. Zwiebel zugeben und etwa 2 Minuten dünsten, nicht braun werden lassen. Erbsen einrühren, dann Brühe zugeben. Topf zudecken, zum Kochen bringen, Hitze reduzieren und ca. 30 Minuten köcheln lassen, bis die Erbsen gar sind und sich mit der Brühe verbunden haben.
Die Masse mit einem Pürierstab glattmixen. Die Suppe wieder in den ausgespülten Topf geben und heiß halten. Stärkemehl mit 1/2 Tasse Wasser verrühren und in die heiße Suppe geben, unter ständigem Rühren zum Kochen bringen. Hitze reduzieren, getrocknete Minze zugeben, salzen und pfeffern, weitere 10 Minuten köcheln lassen. Den Topf vom Feuer nehmen und die Sahne einrühren. Sofort servieren, nach Wunsch mit Croûtons.

Köylü Çorbası

BAUERNSUPPE
Für 4–6 Portionen

Diese herzhafte Wintersuppe stellt eine ganze Mahlzeit dar. Ein Schuß Zitronensaft gibt dem üppigen Aroma eine besondere pikante Note.

- 4 EL Butterschmalz
- 1 kleine Zwiebel, fein gewürfelt
- 2 Knoblauchzehen, zerdrückt
- 350 g Hühnerbrust ohne Knochen und Haut, in Würfeln
- 1 große Karotte, fein gewürfelt
- 2 Pastinaken, fein gewürfelt
- 1 große Kartoffel, fein gewürfelt
- 1 kleine Sellerieknolle, geschält und fein gewürfelt
- 2 Lauchstangen, nur weiße Teile, in dünne Ringe geschnitten
- 1 kleine weiße Rübe, fein gewürfelt
- 4 EL glatte Petersilie, fein gehackt
- 4 EL Mehl
- 1,5 l Hühnerbrühe
- Salz, schwarzer Pfeffer aus der Mühle
- Zitronenachtel

Butterschmalz in einem mittelgroßen Topf erhitzen, Zwiebel und Knoblauch bei mittlerer Hitze in ca. 2 Minuten unter Rühren weich dünsten, nicht bräunen lassen. Huhn, Karotten, Pastinaken, Kartoffeln, Lauch, weiße Rübe und Petersilie zugeben. Mehl darüberstäuben, gut durchrühren. Brühe zugießen und alles zum Kochen bringen. Hitze reduzieren, Topf zudecken und ca. 30 Minuten köcheln lassen, bis das Gemüse weich ist. Salzen und pfeffern, noch 5 Minuten ziehen lassen.
Die Suppe in Teller verteilen und sofort servieren. Man gibt Zitronenachtel dazu, die man über der Suppe ausquetschen kann.

~ Bauernsuppe

Terbiyeli Pirinçli Tavuk Çorbası

EIER-ZITRONEN-SUPPE MIT HUHN UND REIS
Für 4–6 Portionen

Meine Gäste schwören, daß diese Suppe ein ausgezeichnetes Mittel gegen Erkältungen ist. Sie ist eine üppige, cremige Kombination von Hühnersuppe und Zitronensaft.

- 1,5 l Hühnerbrühe
- 200 g Langkornreis
- 2 EL Butterschmalz
- 500 g Hühnerbrust ohne Haut und Knochen, in Würfeln
- 4 Eigelb
- 5 EL Zitronensaft
- Salz

Brühe, Reis und Butterschmalz in einem mittelgroßen Topf zum Kochen bringen und zugedeckt bei Mittelhitze 30 Minuten köcheln lassen, bis der Reis weich ist. Das gewürfelte Hühnerfleisch zugeben. Eigelb und Zitronensaft gut verrühren. 1/4 l heiße Brühe unter Rühren langsam dazugeben. Dann die Ei-Zitronensaft-Brühe-Mischung in die Suppe einrühren. 5 Minuten köcheln lassen, salzen. Bei sehr kleiner Hitze weitere 10 Minuten ziehen lassen. Die Suppe darf nicht sprudelnd kochen, sonst gerinnt sie.

Şehriyeli Tavuk Çorbası

HÜHNERSUPPE MIT FADENNUDELN
Für 4–6 Portionen

- 3 EL Butterschmalz
- 2 EL Zwiebel, fein geraffelt
- 250 g Hühnerbrust in Würfeln
- 250 g Fadennudeln, 3 cm lang
- 1,5 l Hühnerbrühe
- Salz
- 5 EL Zitronensaft

Butterschmalz in einem mittelgroßen Topf erhitzen und die Zwiebeln darin unter Rühren 1 Minute dünsten, nicht braun werden lassen. Huhn und Nudeln zugeben und unter Rühren 2 Minuten schmoren. Die Brühe zugießen und salzen. Zum Kochen bringen, 20 Minuten köcheln lassen. Zitronensaft zugeben und servieren.

Hamsi Çorbasi

SUPPE AUS FRISCHEN ANCHOVIS
Für 4–6 Portionen

750 g frische Anchovis- oder Sardinenfilets
Salz
1,5 l Fischbrühe (S. 60) oder Wasser
100 g Graupen
2 EL Butterschmalz
4 Eigelb
5 EL Zitronensaft
2 EL glatte Petersilie, fein gehackt
Zitronenachtel

Fischfilets in kaltem Wasser waschen. Leicht salzen und in einem Sieb abtropfen lassen. Ca. 20 Minuten stehen lassen.
Fischbrühe, Graupen und Butter in einen Topf geben und bei starker Hitze aufkochen lassen. Hitze reduzieren, zudecken und 20 Minuten köcheln lassen, bis die Graupen weich sind.
Den Fisch mit kaltem Wasser abspülen und zur Fischbrühe geben.
Eigelb und Zitronensaft in einer Schüssel verquirlen. 1/4 l heiße Brühe langsam dazugeben und vermengen, dann die Eiermischung langsam zur Fischsuppe gießen, dabei sachte rühren. Salzen. Hitze reduzieren und ca. 10 Minuten ziehen lassen. Die Suppe darf nicht kochen, sonst kann sie gerinnen.
Die Suppe heiß mit gehackter Petersilie und einem Zitronenachtel servieren.

Sebzeli Kuru Fasülye Çorbasi

SUPPE MIT WEISSEN BOHNEN UND GEMÜSE
Für 4–6 Portionen

Weiße Bohnen sind Bestandteil vieler türkischer Gerichte. Diese herzhafte Suppe ist weiß mit roten und grünen Farbtupfern.

2 EL natives Olivenöl
2 EL Butterschmalz
1 kleine Zwiebel, fein gewürfelt
2 Knoblauchzehen, zerdrückt
2 große Tomaten, enthäutet, entkernt und fein gehackt
2 EL Tomatenmark
200 g große weiße Bohnen, eingeweicht und abgetropft
1,5 l Hühnerbrühe oder Wasser
1 Karotte, fein gewürfelt
1 Stange Bleichsellerie, gewürfelt
1/2 TL türkischer roter Paprika oder scharfer Rosenpaprika
4 EL Stärke
Salz, schwarzer Pfeffer aus der Mühle
4 EL glatte Petersilie, fein gehackt

Öl und Butterschmalz in einem mittelgroßen Topf erhitzen, Zwiebel und Knoblauch darin 2 Minuten weich dünsten, nicht braun werden lassen. Die gehackten Tomaten, Tomatenmark, Bohnen und Brühe zugeben. Zum Kochen bringen, Hitze reduzieren und etwa 30 Minuten köcheln lassen. Karotten, Sellerie und türkischen Paprika zugeben und weitere 30 Minuten unter häufigem Rühren kochen, bis die Bohnen weich sind.
Stärke mit 1/8 l Wasser zu einer glatten Paste verquirlen und in die heiße Suppe rühren. Salzen und pfeffern. Zum Kochen bringen, Hitze reduzieren und noch 10 Minuten köcheln lassen.
Die Suppe in Teller verteilen und mit gehackter Petersilie servieren.

~ Fisch-Gemüse-Suppe (S. 66)

Sebzeli Uskumru Çorbasi

FISCH-GEMÜSE-SUPPE

Für 4–6 Portionen

1–1,25 kg Makrele, enthäutet und filetiert
1,5 l Fischbrühe
2 EL natives Olivenöl
1 kleine Zwiebel, fein gewürfelt
4 Knoblauchzehen, zerdrückt
2 mittlere Kartoffeln, gewürfelt
1 große Karotte, gewürfelt
2 Stangen Bleichsellerie, gewürfelt
3 Tomaten, enthäutet, entkernt, fein gewürfelt
1 EL glatte Petersilie, fein gehackt
1 EL frischer Dill, gehackt
1/2 TL türkischer roter Paprika oder scharfer Rosenpaprika
4 EL Zitronensaft
Salz, schwarzer Pfeffer aus der Mühle
Croûtons (optional)

Fisch in 5 cm große Stücke schneiden und mit Brühe in einen großen Topf geben. Zum Kochen bringen, Hitze reduzieren und etwa 12 Minuten köcheln lassen. Fisch mit einem Schaumlöffel aus dem Topf nehmen, Gräten entfernen, feinhacken, beiseite stellen. Die Brühe in eine Schüssel sieben, beiseite stellen.
Öl in einem großen Topf erhitzen, Zwiebel und Knoblauch darin ca. 2 Minuten dünsten, nicht braun werden lassen. Fischbrühe, Kartoffeln, Sellerie, Karotten und Tomaten zugeben. Gut durchrühren und zum Kochen bringen, Hitze reduzieren, Topf zudecken und ca. 20 Minuten köcheln, bis die Gemüse weich sind.
Fisch, gehackte Petersilie, Dill, türkischen Paprika und Zitronensaft zugeben, salzen und pfeffern. Vorsichtig umrühren und weitere 5 Minuten kochen.
Die Suppe in Teller verteilen, nach Wunsch Croûtons daraufgeben und servieren.
Tip: Für die Croûtons Weißbrot in Scheiben schneiden und würfeln, Olivenöl in einer Pfanne erhitzen, Brotwürfel zugeben. Pfanne schütteln, damit die Brotwürfel gleichmäßig mit Öl in Kontakt kommen, Brot goldbraun rösten.

Ezogelin Çorbasi

ROTE-LINSEN-SUPPE MIT BULGUR UND MINZE

Für 4–6 Portionen

2 EL natives Olivenöl
2 EL Butterschmalz
1 große Zwiebel, fein gewürfelt
2 Knoblauchzehen, zerdrückt
2 EL Tomatenmark
2 Tomaten, enthäutet, entkernt, fein gewürfelt
2 EL süßer Paprika
1/2 TL türkischer roter Paprika oder scharfer Rosenpaprika
300 g rote Linsen
50 g Langkornreis
1 l Hühnerbrühe oder Wasser
50 g feiner Bulgur
1 EL getrocknete Minze
Salz, schwarzer Pfeffer aus der Mühle
Zitronenachtel

Garnitur

2 EL Butterschmalz
1 TL getrocknete Minze
1/2 TL süßer Paprika
Croûtons (optional)

Olivenöl und Butterschmalz erhitzen, Zwiebel und Knoblauch darin bei Mittelhitze 2 Minuten dünsten, nicht bräunen lassen. Tomatenmark, Tomatenfleisch, süßen Paprika und türkischen Paprika einrühren. Linsen, Reis und Brühe zugeben. Topf zudecken, zum Kochen bringen. Hitze reduzieren und 30–35 Minuten köcheln lassen. Bulgur und Minze zugeben, salzen und pfeffern. Weitere 10 Minuten kochen, gelegentlich rühren. Wenn die Suppe zu dick wird, Wasser nachgießen.
Für die Garnitur das Butterschmalz auf schwacher Hitze in einer kleinen Pfanne zerlassen, Paprika und Minze zugeben und unter Rühren erhitzen, bis die Mischung zu brodeln beginnt. Suppe in Teller verteilen und mit der Paprika-Minze-Butter beträufeln. Nach Wunsch mit Croûtons garnieren. Mit Zitronenachteln servieren.

~ Rote-Linsen-Suppe mit Bulgur und Minze

Arpa Şehriyeli Domates Çorbasi

TOMATENSUPPE MIT GRAUPEN

Für 4–6 Portionen

Diese fruchtige rote Suppe gehört zu meinen Lieblingssuppen. Zur Abwechslung können Sie auf jeden Teller Croûtons und geriebenen Kaşar-Käse geben, dann unter den Grill stellen, bis der Käse geschmolzen ist. Herausnehmen und etwas Olivenöl darüberträufeln.

2 EL natives Olivenöl
2 EL Butterschmalz
1 kleine Zwiebel, gehackt
1 kg Tomaten, enthäutet, entkernt und gehackt
2 EL Tomatenmark (optional)
1 Zweig frischer oder 1/4 TL getrockneter Thymian
1 Prise Zucker
1 kleine grüne Paprikaschote, klein gewürfelt
1 Stange Bleichsellerie, klein gewürfelt
1 l Hühnerbrühe oder Wasser
50 g Graupen
4 EL Sahne
Salz, weißer Pfeffer aus der Mühle
100 g Kaşar, geraffelt

In einem mittelgroßen Topf Öl und Butterschmalz erhitzen, Zwiebel darin ca. 2 Minuten bei Mittelhitze glasig dünsten, nicht braun werden lassen. Tomatenfleisch, Tomatenmark, Thymian und eine Prise Zucker zugeben und verrühren. Grüne Paprika, Sellerie und Brühe zugeben. Zum Kochen bringen, Hitze reduzieren und etwa 30 Minuten köcheln lassen.
Die Suppe durch ein feines Sieb abgießen und die Gemüse mit einem Holzlöffel ausdrücken. Suppe wieder in den Topf geben. Graupen dazugeben und 25 Minuten unter gelegentlichem Rühren köcheln lassen, bis die Graupen gar sind. Die Sahne einrühren, salzen und pfeffern. Weitere 5 Minuten simmern lassen, nicht kochen.
Die Suppe in Teller füllen. Mit geriebenem Kaşar bestreuen und servieren.
Tip: Wenn Ihnen die Farbe nicht kräftig genug ist, geben Sie noch mehr Tomatenmark dazu.

Kuru Fasülyeli Lahana Çorbasi

SUPPE MIT RINDFLEISCH, GRÜNKOHL UND BOHNEN

Für 4–6 Portionen

Diese Suppe aus der nördlichen Türkei wird Sie an kalten Winterabenden wärmen.

4 EL Butterschmalz
1 kleine Zwiebel, fein gewürfelt
2 Knoblauchzehen, zerdrückt
300 g mageres Rinderhackfleisch
1 EL Tomatenmark
2 große Tomaten, enthäutet, entkernt und fein gewürfelt
150 g weiße Bohnen, eingeweicht und abgetropft
1,5 l Rinderbrühe
500 g Grünkohl, grob geschnitten (auch zarte Stiele)
50 g Graupen
4 EL glatte Petersilie, grob gehackt
1/2 TL roter türkischer Paprika oder scharfer Rosenpaprika
Salz

Butterschmalz in einem mittelgroßen Topf erhitzen, Zwiebel und Knoblauch darin 2 Minuten bei Mittelhitze dünsten, nicht braun werden lassen. Rinderhack zugeben und 2 Minuten kräftig braten, dabei gut zerteilen. Tomatenmark, Tomatenfleisch, Bohnen und Brühe zugeben, zudecken und zum Kochen bringen. Hitze reduzieren und ca. 30 Minuten unter gelegentlichem Rühren köcheln lassen.
Grünkohl, Graupen, Petersilie und türkischen Paprika zugeben. Salzen und weitere 30 Minuten unter häufigem Rühren kochen, bis die Bohnen weich sind.

Düğün Çorbası

HOCHZEITSSUPPE

Für 4–6 Portionen

Diese herzhafte Suppe wird traditionell auf dem Lande bei Hochzeiten gekocht. Sie ist außerdem ein guter Aufwärmer in den kalten Wintermonaten. Die Zutaten variieren von Region zu Region.

100 g weiße Bohnen, eingeweicht und abgetropft
100 g Kichererbsen, eingeweicht und abgetropft
100 g Schwarzaugen-Bohnen, eingeweicht und abgetropft
100 g grüne Linsen
4 EL Butterschmalz
350 g Lammfleisch (Schulter oder Haxe), in 1,5-cm-Würfeln
1 Zwiebel, fein gewürfelt
3 Knoblauchzehen, zerdrückt
1 l Lammbrühe
2 Karotten, gewürfelt
2 Stangen Bleichsellerie, gewürfelt
2 Stangen Lauch, nur weiße Teile, in Scheiben geschnitten
4 Eigelb
2 EL Mehl
2 EL Zitronensaft
1 1/2 EL süßer Paprika
1 EL türkischer roter Paprika oder scharfer Rosenpaprika
Salz, schwarzer Pfeffer aus der Mühle

In einem mittelgroßen Topf weiße Bohnen, Kichererbsen und Schwarzaugen-Bohnen in 1,5 l Wasser auf großer Hitze zum Kochen bringen. Hitze reduzieren und 40 Minuten köcheln lassen. Linsen zufügen und weitere 20 Minuten unter gelegentlichem Rühren garen, bis auch Kichererbsen und Bohnen weich sind. Hin und wieder Wasser zufügen, wenn der Wasserstand wesentlich unter die Oberfläche der Bohnenmischung sinkt. Abtropfen lassen, Flüssigkeit aufheben.

2 EL Butterschmalz in einem mittelgroßen Topf erhitzen. Lammfleisch, Zwiebel und Knoblauch etwa 5 Minuten kräftig darin schmoren. Brühe zugießen, zudecken und zum Kochen bringen, Hitze reduzieren und 30 Minuten köcheln lassen. Karotten, Sellerie und Lauch zugeben und weitere 10 Minuten köcheln lassen. Die gekochten Bohnen mit 1/2 l Kochflüssigkeit zugeben. Salzen und pfeffern. Eigelb, Mehl und Zitronensaft in einer Schüssel mischen. 1/4 l heiße Lammbrühe langsam in die Schüssel geben, dabei gut umrühren. Dann die Eiermischung in die Suppe rühren. Suppe 5 Minuten simmern lassen.
Kurz vor dem Servieren das übrige Butterschmalz in einer kleinen Pfanne zerlassen, türkischen Paprika und süßen Paprika zugeben und unter Rühren erhitzen, bis die Masse brodelt. Suppe in Teller verteilen und heiße Paprikabutter darüberträufeln. Sofort servieren.

Tarhana

TARHANA-TEIG
Ergibt 2 l

Tarhana, ein gewürzter, fermentierter und kleingebröselter Teig, wird zur Herstellung einer herzhaften Wintersuppe verwendet (siehe S. 73). In der Türkei läßt man Tarhana oft draußen in der Sonne trocknen, wobei er über Balkonbrüstungen und auf flache Dächer gelegt wird. In Selçuk und dem benachbarten Ephesos werden sogar die antiken Ruinen mit Tarhana »verziert«. Der herrlich rote Teig ist ein hübscher Blickfang, und sein würziger, leicht scharfer Geschmack lohnt die große Mühe. Fertigen Tarhana-Teig gibt es in kleinen Päckchen in türkischen Läden zu kaufen. Es dauert etwa 10 Tage, diesen Teig zu machen, weil er sehr langsam und vollständig trocknen muß. Dieses Rezept ergibt mehr Teig, als man für ein Rezept Tarhana-Suppe braucht, aber der getrocknete Teig hält sich im Kühlschrank in einem Stoffsack bis zu einem Jahr.

200 g Kichererbsen (Trockengewicht), gekocht (ca. 4 Tassen)
1 mittelgroße Zwiebel, grob gehackt
2 Tomaten, enthäutet, entkernt und grob gehackt
2 kleine Chilischoten, entkernt und grob gehackt
2 große rote Paprikaschoten, entkernt und gewürfelt
1/2 l dicker Joghurt (S. 11)
600 g Mehl, etwas Mehl zum Bestäuben
4 EL natives Olivenöl extra
1 EL getrockneter Dill
1 EL getrocknete Minze
Salz

1/4 l Wasser, Kichererbsen, Zwiebel, Tomaten, Chili und rote Paprikaschoten in einen mittelgroßen Topf geben. Leicht salzen. Zum Kochen bringen, Hitze reduzieren und etwa 30 Minuten köcheln lassen, bis das ganze Wasser aufgenommen ist. Vom Feuer nehmen und abkühlen lassen.

Joghurt, Mehl, Olivenöl, Minze und Dill in die abgekühlte Mischung geben. Noch einmal salzen und gut vermischen. Die Masse auf eine leicht bemehlte Arbeitsfläche geben und 5 Minuten gut durchkneten; Hände und Teig ab und zu mit Mehl bestäuben, da der Teig etwas feucht ist. Den Teig in eine Schüssel geben und zudecken, bei Zimmertemperatur 3 Tage stehen lassen. Während dieser Zeit fermentiert der Teig. Den Teig jeden Tag 5 Minuten durchkneten.

Am vierten Tag den Teig in Kugeln von 5 cm Durchmesser teilen (Abb. 1). Auf ein leicht bemehltes Tuch legen.

Die Teigkugeln an einem warmen Ort (z. B. kurz angeheizter und ausgeschalteter Backofen, bei offener Tür) ruhen lassen, bis sie außen trocken sind (das dauert etwa einen Tag, manchmal länger). Dann jede Kugel flachdrücken, halbieren und erneut zu Kugeln formen, trocknen lassen. Diesen Vorgang im Lauf mehrerer Tage dreimal wiederholen (Abb. 2).

Die getrockneten Kügelchen in ein Sieb geben, das man über ein leicht bemehltes Backblech hält. Nun den Teig durch das Sieb drücken (Abb. 3) und den Teig mit den Fingerspitzen in ganz kleine Stückchen zerbröseln (etwa von Graupen-Größe) und ausbreiten. Die Körner 4 Tage an einem kühlen Ort stehen lassen, bis sie ganz trocken sind. In einem luftdichten Behälter kühl aufbewahren.

~ So macht man Tarhana

~ Abb. 1: Teigkugeln

~ Abb 2: Kugeln flachdrücken, halbieren und neu formen

~ Abb. 3:
Kugeln durchs Sieb drücken

~~~~~~~~~~~~~~~~~~~~~~

Tarhana Çorbasi

TARHANA-SUPPE
Für 4–6 Portionen

Dieses Rezept habe ich von meiner Mutter geerbt.

1/4 l Tarhana (S. 70)
3/8 l Hühnerbrühe oder Wasser
6 EL Butterschmalz
1 EL Tomatenmark
Salz
1 TL türkischer roter Paprika oder scharfer Rosenpaprika
1 1/2 TL getrocknete Minze
Croûtons (optional)

Tarhana 30 Minuten in 1/4 l Hühnerbrühe einweichen.
4 EL Butterschmalz erhitzen, Tomatenmark und restliche Hühnerbrühe zugeben. Unter ständigem Rühren zum Kochen bringen, Hitze reduzieren und Tarhana mit der Hühnerbrühe zugeben. Salzen und ca. 10 Minuten köcheln lassen. Wenn die Suppe zu dick wird, etwas Wasser zugießen.
2 EL Butterschmalz in einer kleinen Pfanne zerlassen, türkischen Paprika und Minze zugeben. Unter Rühren erhitzen, bis die Mischung brodelt. Die Suppe in Teller verteilen und heiße Paprika-Minze-Butter darüberträufeln. Sofort servieren.

~~~~~~~~~~~~~~~~~~~~~~

Işkembe Çorbasi

KUTTELSUPPE
Für 4–6 Portionen

Diese herzhafte Kuttelsuppe läßt man lange vor sich hin köcheln, damit sie die wärmenden, pikanten Aromen von Knoblauch, Pfeffer und Zitrone aufnehmen kann. Sie ist in der Türkei als Imbiß zu später Stunde oder schon am frühen Morgen überaus beliebt.

1 kg Rinderkutteln, vorgekocht, in dünne Streifen geschnitten
6 Knoblauchzehen, zerdrückt
4 EL Zitronensaft
5 EL natives Olivenöl extra
1/4 l Milch
4 EL (60 g) Butter
40 g Mehl
4 EL Weißweinessig
2 TL türkischer roter Paprika oder scharfer Rosenpaprika
Salz

Kutteln, 4 Knoblauchzehen, Zitronensaft, Olivenöl, 1/2 TL Salz und 2 l Wasser in einem großen Topf zum Kochen bringen, zudecken und ca. 1 Stunde köcheln lassen. Wenn nötig, Wasser zugießen, damit die Kutteln bedeckt bleiben. Schaum abschöpfen.
Die Kutteln aus dem Topf nehmen und abkühlen lassen. 3/8 l Kochflüssigkeit aufbewahren.
In einem anderen Topf Butterschmalz erhitzen. Das Mehl einrühren und 2 Minuten bei Mittelhitze dünsten. Langsam unter ständigem Rühren die heiße Brühe und die Milch zugeben, dann die Kutteln. Etwa 30 Minuten köcheln lassen, dabei häufig rühren.
Essig, türkischen Paprika und den restlichen Knoblauch in einer kleinen Schüssel verrühren. Die Suppe in Teller verteilen und mit etwas Essigmischung beträufeln.

~ Tarhana-Suppe

Lamm, Rind und Huhn

Wenn es in der türkischen Küche um Fleisch geht, dann meistens um Lamm, das wesentlich häufiger gegessen wird als andere Fleischsorten. Die Arten, Lamm zuzubereiten, sind höchst vielfältig. Es kann in Stücke geschnitten, mariniert und über Holzkohlen gegrillt werden wie bei Izgara Kuzu Şiş Kebabı (S. 92) oder mit Gemüsen in einem Tontopf geschmort wie bei Kuzu Etli Kuru Fasülye Güveci (S. 81). Es kann gebraten (S. 82), in Mangold gewickelt und geschmort (S. 84) oder durch den Wolf gedreht und gewürzt werden, um daraus Köfte zu machen.

Fast jede Stadt in der Türkei hat ihre ganz spezielle Art von Köfte, die immer aus gewürztem Lammhack hergestellt sind. Manchmal sind es Fleischklößchen, die in der Pfanne (wie die Izmir Köftesi, S. 77) oder auf einem heißen Blech gebraten werden, manchmal werden sie auf Spieße gesteckt und gegrillt (wie die Baharatlı Izgara Şiş Kebabı, S. 77). Paşa Köftesi (S. 76) sind hingegen große Frikadellen, die mit einem cremigen Knoblauchkartoffelpüree serviert werden.

Das vielleicht üppigste Lammgericht (das ich hier aus nachvollziehbaren Gründen nicht aufgenommen habe) ist Kuyu Kebabı oder Tandır Kebabı, ein ganzes Milchlamm, das in einem Ziegelofen oder in einer zwei Meter tiefen Grube langsam gegart wird.

Ein ganz besonderes türkisches Gericht wurde vor vielen Jahren durch Kaiserin Eugenie, die Gemahlin Napoleons III., berühmt. Bei ihrem Besuch schmeckte ihr ein Auberginenpüree mit gut gewürztem Lammfleisch so gut, daß sie das Rezept haben wollte. Dieses Gericht – das Hünkar Beğendi heißt, zu deutsch »Ihrer Majestät Entzücken« (S. 87) – wird heute noch gerne gegessen. Man sagt, daß der Chefkoch der Kaiserin sich in die Küche begab, um das genaue Rezept auf Papier festzuhalten. Der Küchenchef des Palastes entgegnete jedoch, daß ein echter Kochkünstler nicht mit exakten Rezepten arbeitet, sondern nach Gefühl und Erfahrung. So hat die Kaiserin das Rezept nie bekommen.

Auch Huhn ist in der Türkei sehr beliebt, besonders während der Sommermonate, wenn es mit den Gemüsen der Saison zubereitet wird – jungen Okraschoten, Auberginen, Tomaten und grünem Paprika.

Tip: Für manche Gerichte brauchen Sie lange, flache Spieße, ca. 30–35 cm lang und ca. 1 cm breit. Wenn Sie solche nicht bekommen, nehmen Sie gewöhnliche Spieße, aber drücken Sie das Fleisch fest an, damit es beim Braten nicht abfällt.

Paşa Köftesi

KÖFTE DES PASCHA
Für 4 Portionen

Das ist ein wunderbares Gericht für den Winter: große Frikadellen, auf die sahniges Knoblauchkartoffelpüree gehäuft ist. Sehr gut schmeckt ein Salat dazu.

1 kg mageres Lamm- oder Rinderhackfleisch
4 Scheiben Weißbrot vom Vortag, ohne Rinde
1 kleine Zwiebel, fein geraffelt
4 Knoblauchzehen, zerdrückt
4 EL glatte Petersilie, fein gehackt
2 Eier
$^1/_2$ TL türkischer roter Paprika oder scharfer Rosenpaprika
1 TL süßer Paprika
1 EL gemahlener Kreuzkümmel
Salz, schwarzer Pfeffer aus der Mühle

Knoblauchkartoffelpüree

$^1/_2$ Tasse (6 EL) Milch
2 EL Sahne
500 g Kartoffeln, geschält und in große Stücke geschnitten
2 EL Butter
2 Knoblauchzehen, zerdrückt
Salz, frisch gemahlener weißer Pfeffer
100 g Kaşar-Käse, gerieben

Sauce

3 EL Butter
1 EL Tomatenmark
4 mittelgroße Tomaten, enthäutet, entkernt und gewürfelt
$^1/_2$ l Lammbrühe (S. 58) oder Wasser
1 EL glatte Petersilie, fein gehackt

Backofen auf 180 °C vorheizen.
Für die Köfte das Brot kurz in warmem Wasser einweichen und gut ausdrücken. Fleisch, Brot, Knoblauch, Petersilie, türkischen roten Paprika, süßen Paprika und Kreuzkümmel in eine große Schüssel geben, salzen und pfeffern. Die Hände anfeuchten und die Zutaten etwa 2 Minuten gut durcharbeiten. Die Schüssel zudecken und etwa 30 Minuten kalt stellen.

Für das Kartoffelpüree die Kartoffeln mit leicht gesalzenem Wasser bedecken und rasch zum Kochen bringen, Hitze auf Mittelstufe reduzieren und die Kartoffeln ca. 15 Minuten kochen, bis sie weich sind (nicht zu lange). Gut abtropfen lassen.
In einem kleinen Topf den Knoblauch bei geringer Hitze ca. 1 Minute in Butter schmoren, Milch und Sahne zugeben und heiß werden lassen. Zu den Kartoffeln geben, mit Salz und weißem Pfeffer würzen. Die Mischung mit einem Kartoffelstampfer zu einem cremigen, glatten Püree verarbeiten.
Mit angefeuchteten Händen das gekühlte Hackfleisch in 4 gleich große Portionen teilen, jede zu einem Ball formen. Die Bälle etwas flachdrücken und in der Mitte eine Mulde machen. Die Köfte in eine ofenfeste Backform setzen. Gleiche Mengen des Kartoffelpürees in die Mulden füllen. Mit geriebenem Kaşar bestreuen.
In einer hohen Pfanne Butter bei Mittelhitze zerlassen und das Tomatenmark einrühren, etwas durchschmoren. Tomaten und Brühe zugeben, zum Kochen bringen und 3 Minuten unter ständigem Rühren kochen, damit die Sauce etwas reduziert wird. Diese Sauce um die Köfte gießen, nichts auf die Kartoffeln kommen lassen. Nicht zugedeckt 30–40 Minuten backen, bis das Kartoffelpüree leicht gebräunt ist. Die Köfte auf vorgewärmten Tellern anrichten, mit Sauce umgießen und mit Petersilie bestreuen.

~ Scharf gewürzte Hackfleischspieße vom Holzkohlengrill (S. 77)

Baharatli Izgara Köfte Şiş Kebabi

SCHARF GEWÜRZTE HACKFLEISCHSPIESSE VOM HOLZKOHLENGRILL
Für 4 Portionen

Baharat ist eine Würzmischung. Bei diesem Rezept besteht sie aus türkischem rotem Pfeffer, süßem Paprika, Kreuzkümmel und Sumak, aber sie kann auch Piment, Oregano, Zimt, Nelken, schwarzen Pfeffer, Ingwer, Knoblauch, Minze und Muskatnuß enthalten.
Für dieses Gericht brauchen Sie lange, flache Spieße (siehe Hinweis auf S. 74).

1 kg mageres Lamm- oder Rinderhackfleisch
4 Scheiben Weißbrot vom Vortag ohne Rinde
1 kleine Zwiebel, fein geraffelt
4 Knoblauchzehen, zerdrückt
2 Eier
2 TL türkischer roter Paprika oder scharfer Rosenpaprika
1 TL gemahlener Sumak
1 TL süßer Paprika
1 EL gemahlener Kreuzkümmel
½ TL gemahlener Piment (optional)
Salz, schwarzer Pfeffer aus der Mühle
4 EL glatte Petersilie, fein gehackt

Einen Holzkohlengrill vorbereiten.
Für die Hackmischung das Brot kurz in Wasser einweichen und ausdrücken. Fleisch, Brot, Zwiebel, Knoblauch, Eier, Gewürze und Petersilie in eine großen Schüssel geben, salzen und pfeffern. Mit angefeuchteten Händen die Zutaten 2 Minuten gut durcharbeiten. Die Schüssel zudecken und etwa 30 Minuten lang kalt stellen.
Mit befeuchteten Händen – dazu eine Schüssel mit Wasser bereitstellen – die gekühlte Fleischmischung in 4 gleich große Portionen teilen. Den Spieß mit einer Hand senkrecht halten, mit der anderen die Fleischmischung wurstförmig am Spieß festdrücken. Fangen Sie am unteren Ende an, und arbeiten Sie sich nach oben.
Die Köfte auf den heißen Grill legen, mit 10–12 cm Abstand von der Glut. Fleisch etwa 8 Minuten unter häufigem Wenden grillen, bis es gar ist. Die Spieße aus den Köfte ziehen und sofort servieren.

Izmir Köftesi

KÖFTE IN TOMATENSAUCE
Für 4 Portionen

1 kg mageres Lamm- oder Rinderhackfleisch
4 Scheiben Weißbrot vom Vortag, ohne Rinde
1 kleine Zwiebel, fein geraffelt
2 Knoblauchzehen, zerdrückt
2 Eier
1 TL süßer Paprika
1 EL gemahlener Kreuzkümmel
½ TL gemahlener Piment (optional)
4 EL glatte Petersilie, fein gehackt
Salz, schwarzer Pfeffer aus der Mühle
4 EL natives Olivenöl extra
2 EL Butter
1 EL Tomatenmark
3 große Tomaten, enthäutet, entkernt und fein gehackt
½ l Lammbrühe (S. 58) oder Wasser
2 mittelgroße grüne Paprika, entkernt und diagonal in Streifen geschnitten

Backofen auf 180 °C erhitzen.
Für die Köfte das Brot kurz in Wasser einweichen und gut ausdrücken. Fleisch, Brot, Zwiebel, Knoblauch, Eier, Gewürze und Petersilie in eine große Schüssel geben, salzen und pfeffern. Mit angefeuchteten Händen (Schüssel mit Wasser bereitstellen) die Zutaten etwa 2 Minuten gut durcharbeiten. Die Fleischmischung zu 16 gleich großen Bällen formen.
Das Öl in einer großen Pfanne erhitzen, die Bälle hineingeben und auf großer Flamme rundum anbräunen (ca. 5 Minuten). Die Köfte in eine feuerfeste Form geben, beiseite stellen.
Butter in einem Topf erhitzen. Tomatenmark einrühren und kurz durchschmoren, dann Tomaten und Lammbrühe zugeben. Salzen und pfeffern, unter Rühren zum Kochen bringen. Diese Sauce über die Köfte geben. Mit den Paprikastreifen bedecken. Die Form zudecken und etwa 40 Minuten im Ofen backen. Um zu prüfen, ob die Köfte gar sind, eines aufschneiden; das Fleisch sollte durchgehend bräunlich sein, nicht rosa.

~~~~~~~~~~~~~~~~~~~

Yoğurtlu Köfte Kebab

Hackfleischspiesse mit Tomatensauce und Joghurt-Knoblauch-Sauce

Für 4 Portionen

Bei meinen Gästen eines der beliebtesten Gerichte. Für die Zubereitung brauchen Sie 4 lange, flache Spieße (siehe Hinweis S. 74). Drücken Sie das Fleisch gut fest, damit es beim Braten nicht abfällt. Sie können das Hackfleisch durch Lammfleischwürfel ersetzen, wenn Sie das vorziehen.

Tomatensauce

- 2 EL natives Olivenöl extra
- 4 große Tomaten, enthäutet, entkernt und fein gehackt
- Salz, schwarzer Pfeffer aus der Mühle

Köfte

- 1 kg mageres Lamm- oder Rinderhackfleisch
- 4 Scheiben Weißbrot vom Vortag, ohne Rinde
- 1 kleine Zwiebel, fein geraffelt
- 4 Knoblauchzehen, zerdrückt
- 2 Eier
- 1 EL und 1 TL süßer Paprika
- 1 EL gemahlener Kreuzkümmel
- 6 EL glatte Petersilie, fein gehackt
- Salz, schwarzer Pfeffer aus der Mühle

- 2 Fladenbrote
- 1 Rezept Joghurt-Knoblauch-Sauce (S. 13)
- 4 EL Butter
- 1/2 TL roter türkischer Paprika oder scharfer Rosenpaprika

Holzkohlengrill vorbereiten.
Für die Köfte das Brot kurz in Wasser einweichen und gut ausdrücken. Fleisch, Brot, Zwiebel, Knoblauch, Eier, 1 EL süßen Paprika, Kreuzkümmel und 5 EL Petersilie in eine große Schüssel geben. Salzen, pfeffern und mit den Händen etwa 2 Minuten gut durcharbeiten. Zudecken und etwa 30 Minuten kalt stellen.
Für die Sauce das Olivenöl in einem kleinen Topf erhitzen und die Tomaten zugeben. Etwa 2 Minuten kochen, Tomaten mit einem Kartoffelstampfer oder einer Gabel zu Brei zerdrücken. Salzen und pfeffern. Die Sauce warm halten.
Mit angefeuchteten Händen (Schüssel mit Wasser bereitstellen) die gekühlte Mischung in 4 gleiche Teile teilen. Einen Spieß mit einer Hand senkrecht halten, mit der anderen das Fleisch von unten nach oben fortschreitend wurstförmig um den Spieß drücken.
Die Köfte auf den heißen Grill legen, mit ca. 12 cm Abstand von der Glut. Auf jeder Seite grillen, ca. 4 Minuten für »medium«, 6 Minuten, wenn Sie das Fleisch durch haben wollen. Häufig wenden.
Während die Köfte braten, das Fladenbrot aufwärmen und in Würfel von 3 cm Kantenlänge schneiden. Das Brot auf vorgewärmte Teller verteilen. Die Spieße aus dem Fleisch ziehen und dieses in 4 bis 5 Stücke schneiden, auf das Fladenbrot legen. Die heiße Tomatensauce über das Fleisch gießen und mit Joghurt-Knoblauch-Sauce garnieren.
Butter in einer kleinen Pfanne schmelzen, 1 TL süßen Paprika, 1 EL Petersilie und türkischen roten Paprika einrühren und heiß werden lassen. Diese Mischung über die Joghurt-Knoblauch-Sauce träufeln. Sofort servieren.

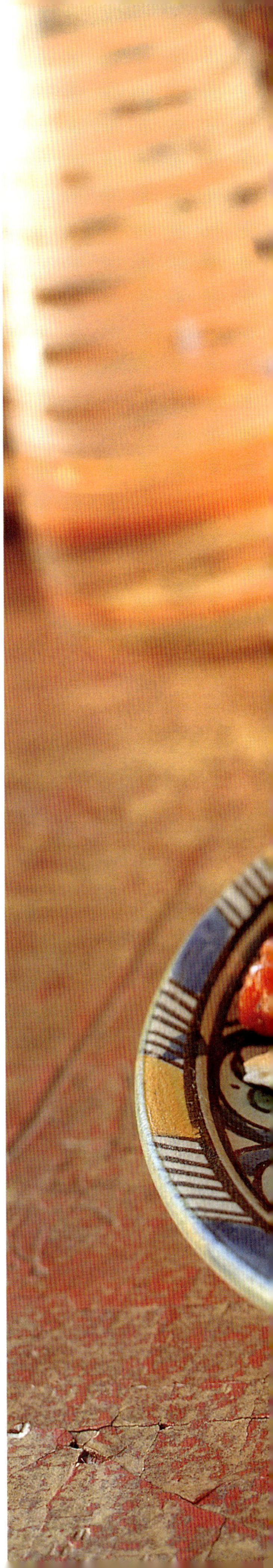

~ Hackfleischspieße mit Tomatensauce und Joghurt-Knoblauch-Sauce
~~~~~~~~~~~~~~~~~~~

Kuzu Etli Terbiyeli Kereviz Bastisi

LAMM MIT SELLERIE
Für 4–6 Portionen

Dieses Gericht wird mit Reispilaw und Salat serviert.

6 EL Mehl
3 EL Zitronensaft
2 mittelgroße Sellerieknollen
1 Zitrone, halbiert
1–1,2 kg Lammfleisch (Schulter oder Haxe), pariert und in 4 cm große Stücke geschnitten
4 EL Butterschmalz
1 große Zwiebel, grob gehackt
1/2 l Lammbrühe (S. 58) oder Wasser
1 EL frischer Dill, fein gehackt
Salz, schwarzer Pfeffer aus der Mühle
2 Eigelb
1 TL Maisstärke

3 EL Mehl und 3 EL Zitronensaft mit 1 l kaltem Wasser verrühren. Sellerie schälen und in 2,5 cm dicke Scheiben schneiden. Die Scheiben mit einer Zitronenhälfte einreiben und in das Zitronenwasser legen, damit sie sich nicht verfärben. Beiseite stellen.
Butterschmalz in einem mittelgroßen Topf erhitzen und die Lammstücke bei großer Flamme etwa 6 Minuten unter häufigem Rühren von allen Seiten bräunen. Die Zwiebel zugeben und 1 weitere Minute unter Rühren schmoren. Brühe zugeben, Topf zudecken und aufkochen lassen. Hitze reduzieren und 50–60 Minuten köcheln lassen, Schaum immer wieder abschöpfen.
Selleriescheiben gut abtropfen lassen und in eine feuerfeste Form legen. Lammfleisch darüber verteilen. Dill darüberstreuen, salzen und pfeffern. Einen feuerfesten Teller auf das Fleisch legen (er muß gerade in die Form passen), Form zudecken und bei niedriger bis mittlerer Hitze etwa 20 Minuten köcheln; der Sellerie soll auf keinen Fall bißfest, sondern angenehm weich sein.
Den Topf vom Feuer nehmen, Kochflüssigkeit in einen kleinen Topf schöpfen. Das übrige Mehl mit 3 EL Wasser vermengen, zur Kochflüssigkeit geben und unter gelegentlichem Rühren zum Kochen bringen, dann Hitze reduzieren und etwa 1 Minute köcheln lassen.
Die Eigelb mit dem Saft der übrigen halben Zitrone mischen, unter ständigem Rühren langsam zur Sauce geben und die Sauce ca. 2 Minuten weiter simmern lassen, bis sie eindickt. Sie darf nicht kochen, denn sie könnte gerinnen. Sauce über Lamm und Sellerie gießen, servieren.

Kuzu Yahnisi

LAMMRAGOUT MIT SCHALOTTEN
Für 4 Portionen

3 EL natives Olivenöl extra
2 EL Butterschmalz
1–1,2 kg Lammfleisch (Schulter oder Haxe), pariert und in 3 cm große Würfel geschnitten
350 g Schalotten, ganz
4 Knoblauchzehen, zerdrückt
2 EL Mehl
3/8 l Lammbrühe (S. 58) oder Wasser
1/8 l trockener Rotwein
2 TL Tomatenmark
2 große Tomaten, enthäutet, entkernt und fein gehackt
2 mittelgroße grüne Paprikaschoten, entkernt und fein gehackt
1/2 TL türkischer roter Paprika oder scharfer Rosenpaprika
1 EL frischer Dill, gehackt
Salz, schwarzer Pfeffer aus der Mühle

Backofen auf 180 °C vorheizen.
Olivenöl und Butterschmalz in einer großen Pfanne erhitzen, das Lammfleisch bei großer Hitze darin unter gelegentlichem Rühren rundum bräunen (ca. 6 Minuten). Die Schalotten zugeben und weitere 2 Minuten unter Rühren schmoren, bis sie leicht gebräunt sind. Knoblauch zugeben, mit Mehl überstäuben und gut durchrühren. Tomatenmark, Tomaten, Paprika, türkischen roten Paprika und Dill zugeben, salzen und pfeffern. Alles etwas durchschmoren lassen, dann Brühe und Rotwein zugießen. Zum Kochen bringen, entstehenden Schaum abschöpfen.
Alles in eine feuerfeste Form geben, zudecken und etwa 1 Stunde im Ofen backen, bis das Fleisch weich ist. Auf vorgewärmte Teller verteilen und servieren.

Kuzu Etli Kuru Fasülye Güveci

LAMM MIT WEISSEN BOHNEN IM TONTOPF
Für 4–6 Portionen

Das ist ein typisch türkisches Gericht, das das ganze Jahr über gegessen wird. Es schmeckt am besten, wenn man es traditionell in einem Tontopf zubereitet, über Nacht stehen läßt und am nächsten Tag wieder aufwärmt. Wenn Sie keinen Tontopf haben, verwenden Sie eine Deckelkasserolle. Mit weißem Reispilaw (S. 115) und Cacık (Joghurt mit Knoblauch, Gurke und Minze, S. 36) servieren.

- 1–1,2 kg Lammfleisch (Schulter oder Haxe), pariert und in 3 cm große Würfel geschnitten
- 4 EL Butterschmalz
- 1 mittelgroße Zwiebel, gewürfelt
- 4 Knoblauchzehen, zerdrückt
- 1 EL Tomatenmark
- 4 mittelgroße Tomaten, enthäutet, entkernt und grob gehackt
- 400 g große weiße Bohnen, über Nacht eingeweicht und abgetropft
- 1 TL türkischer roter Paprika oder scharfer Rosenpaprika
- ½ l Lammbrühe (S. 58) oder Wasser
- Salz, schwarzer Pfeffer aus der Mühle
- 3 mittelgroße grüne Paprikaschoten, entkernt und in Würfel oder Streifen geschnitten
- 4 EL glatte Petersilie, grob gehackt

In einem mittelgroßen Topf Butterschmalz erhitzen, Lammwürfel darin bei großer Hitze in ca. 6 Minuten unter Rühren rundum bräunen. Zwiebel und Knoblauch zufügen und 1 Minute weiterschmoren, dann Tomatenmark, Tomaten, Bohnen, türkischen roten Paprika und Brühe zugeben, salzen und pfeffern. Zudecken und 45 Minuten lang köcheln lassen, Schaum abschöpfen.
Backofen auf 180 °C vorheizen.
Das Ragout in einen Tontopf füllen, grüne Paprika darübergeben. Topf schließen und 1 Stunde garen, bis die Bohnen weich sind (nicht zerfallen lassen). Mit gehackter Petersilie bestreuen und servieren.

Kuzu Etli Bamya

LAMM MIT OKRASCHOTEN
Für 4–6 Portionen

Im Sommer, wenn es in der Türkei reichlich Okra gibt, ist dies mein Lieblingsgericht. Dort kann man sehr kleine Okraschoten bekommen, die nur 2 cm lang sind. Sie sind auch in türkischen Läden in Dosen zu bekommen. Aber auch größere Okras sind geeignet.

- 750 g kleine Okraschoten
- ⅛ l Zitronensaft
- 3 EL Butterschmalz
- 3 EL natives Olivenöl extra
- 1–1,2 kg Lammfleisch (Schulter oder Haxe), pariert und in 3 cm große Würfel geschnitten
- 1 kleine Zwiebel, fein gewürfelt
- 4 Knoblauchzehen, zerdrückt
- 1 EL Tomatenmark
- 4 mittelgroße Tomaten, enthäutet, entkernt und fein gehackt
- ½ l Lammbrühe (S. 58) oder Wasser
- Salz, schwarzer Pfeffer aus der Mühle
- ¼ TL türkischer roter Paprika oder scharfer Rosenpaprika
- 1 EL getrocknete Minze

Die Spitzen und den Stielansatz der Okraschoten so knapp wie möglich abschneiden, damit kein Saft ausläuft. In einer Schüssel mit Salz und gut der Hälfte des Zitronensafts mischen und mindestens 20 Minuten stehen lassen.
Butterschmalz und Öl in einem mittelgroßen Topf erhitzen, Lammfleisch bei großer Hitze 5 Minuten unter Rühren rundum bräunen. Zwiebel und Knoblauch zufügen und 1 Minute unter Rühren schmoren, salzen und pfeffern. Zum Kochen bringen, Hitze verringern, zudecken und 45 Minuten köcheln lassen; Schaum abschöpfen.
Die Okras abtropfen lassen und gut unter fließendem kaltem Wasser abspülen. Mit dem türkischen Paprika und der Minze zum Lammfleisch geben. Topf zudecken und weitere 25 Minuten köcheln lassen, bis das Lamm weich ist. Den restlichen Zitronensaft unterrühren. Heiß oder lauwarm servieren.

~~~~~~~~~~~~~~~~~~~~~~

Kuzu Kol Sarmasi

MIT SPINAT GEFÜLLTE LAMMSCHULTER

Für 4 Portionen

Am besten schmeckt die gefüllte Lammschulter, wenn Sie zartes Frühlingslamm verwenden. In der Türkei wird Lamm medium gegart gegessen; darauf ist die hier angegebene Kochzeit bemessen. Wenn Sie das Lamm durchgegart wünschen, braten Sie es länger.

- 1,5 kg Lammschulter, entbeint und pariert
- 200 g frischer Spinat (netto, nur Blätter), gewaschen
- 1 große Karotte, längs geviertelt
- 3 EL natives Olivenöl extra
- 1 kleine Zwiebel, fein geraffelt
- 8 Knoblauchzehen
- 1 EL gemahlener Kreuzkümmel
- $^1/_2$ TL frischer Thymian
- 2 TL frischer Oregano
- Salz, frisch gemahlener schwarzer Pfeffer
- 3 große Tomaten, enthäutet, entkernt und fein gehackt
- $^3/_8$ l Lammbrühe (S. 58)
- 4 EL glatte Petersilie, fein gehackt

Backofen auf 200 °C vorheizen.

In einem großen Topf den Spinat mit 1 Tasse Wasser erhitzen, bis er zusammenfällt, in einem Sieb abtropfen lassen. Wenn er etwas abgekühlt ist, gut ausdrücken und grob hacken. Beiseite stellen.

Die Karottenviertel in kochendem Wasser etwa 4 Minuten blanchieren, aus dem Topf nehmen und beiseite stellen.

Die aufgeschnittene Lammschulter mit der Hautseite nach unten auf eine Arbeitsfläche legen. Fleisch mit Olivenöl bestreichen und mit 2 zerdrückten Knoblauchzehen und der geraffelten Zwiebel einreiben. Mit Kreuzkümmel, Thymian, Oregano, Salz und Pfeffer würzen. Den Spinat in die Mitte der Schulter placieren, die Karotten darauflegen, Fleisch über Spinat und Karotten klappen und mit Küchenzwirn fest zusammenbinden.

Den Lammrollbraten mit den übrigen Knoblauchzehen, Tomaten und Brühe in eine Bratpfanne geben, salzen und pfeffern. Form zudecken und das Lamm etwa 1 $^1/_4$ Stunden schmoren, gelegentlich mit dem entstehenden Saft übergießen. Deckel abnehmen und weitere 10 Minuten braten, um das Fleisch zu bräunen (für durchgebratenes Fleisch 15 Minuten länger).

Das Fleisch auf eine vorgewärmte Platte legen und lose mit Folie bedecken. Die Bratflüssigkeit in einen kleinen Topf geben und reduzieren, bis sie leicht eingedickt ist. Mit Salz und Pfeffer abschmecken.

Den Lammbraten in dünne Scheiben schneiden. Etwas Sauce auf die heiße Servierplatte geben und das Fleisch darauf anrichten. Die geschmorten Knoblauchzehen um das Fleisch legen, mit Petersilie bestreuen und servieren.

~~~~~~~~~~~~~~~~~~~~~~

Baharatli Kuzu Budu Firinda

GEBRATENE LAMMKEULE MIT KRÄUTERN

Für 6 Portionen

Für dieses Gericht sollte man eigentlich eine 2,5 kg schwere, nicht entbeinte Lammkeule verwenden. Ohne Knochen ist die Keule leichter aufzuschneiden, aber Lamm schmeckt besser, wenn es am Knochen gebraten wird. Außerdem macht es bei den Gästen großen Eindruck! Eine gute Begleitung ist Reispilaw mit Korinthen und Pinienkernen (S. 120).

Marinade

- 2 EL natives Olivenöl extra
- 1 große Zwiebel, fein geraffelt
- 5 Knoblauchzehen, zerdrückt
- 2 EL Tomatenmark
- 1 TL frischer Thymian
- 2 TL frischer Oregano
- 2 TL getrocknete Minze
- 1 TL getrockneter Dill
- 1 EL süßer Paprika
- 2 EL gemahlener Kreuzkümmel
- 4 EL Zitronensaft
- 2 Becher Joghurt
- Salz, schwarzer Pfeffer aus der Mühle

- 1,5 kg Lammkeule ohne Knochen, pariert und zusammengebunden
- $^3/_8$ l Lammbrühe (S. 58)

Alle Zutaten für die Marinade mischen und die Lammkeule damit einreiben. Zudecken und mindestens 8 Stunden kalt stellen. Vor dem Braten das Lamm 30 Minuten bei Zimmertemperatur aufwärmen.

Den Backofen auf 200 °C vorheizen.

Die Lammkeule in einen Bräter mit Deckel geben und mit Brühe übergießen. Zudecken und im Ofen braten: für

~ Mit Spinat gefüllte Lammschulter

medium etwa 1 Stunde 20 Minuten, für durchgebraten 1 Stunde 40 Minuten. Gelegentlich mit dem Bratensaft begießen. 15 Minuten vor Ende der Bratzeit Deckel abnehmen, damit das Fleisch bräunen kann.
Die Keule auf eine vorgewärmte Platte geben und locker mit Alufolie abdecken. 10 Minuten ruhen lassen.

Den Bratensaft durch ein Sieb in einen kleinen Topf gießen und etwas einkochen lassen. Mit Salz und Pfeffer abschmecken.
Lammfleisch in dünne Scheiben schneiden. Etwas Sauce auf die heiße Servierplatte geben und die Lammscheiben darauf anrichten. Restliche Sauce über das Fleisch gießen.

~~~~~~~~~~~~~~~~~~~~~~~~

Kuzu Tas Kebabi ile Kremali Sarmisakli Patates Püresi

GESCHMORTER LAMM-KEBAB MIT KNOBLAUCHKARTOFFELPÜREE

Für 6 Portionen

1,5 kg Lammfleisch (Schulter oder Haxe), pariert und in 3 cm große Stücke geschnitten
4 EL Butterschmalz
1 mittelgroße Zwiebel, gewürfelt
4 Knoblauchzehen, zerdrückt
1 1/2 EL Tomatenmark
4 große Tomaten, enthäutet, entkernt und grob gehackt
1 TL getrockneter Thymian
1/2 l Lammbrühe (S. 58) oder Wasser
2 mittlere Karotten, in größere Würfel geschnitten
150 g frische oder tiefgefrorene Erbsen
3 mittelgroße grüne Paprikaschoten, enthäutet und fein gehackt
Salz, frisch gemahlener schwarzer Pfeffer
4 EL glatte Petersilie, fein gehackt

Knoblauchkartoffelpüree

1,5 kg geschälte Kartoffeln, in große Stücke geschnitten
125 g Butter
6 Knoblauchzehen, zerdrückt
0,2 l Milch
1/8 l Sahne
weißer Pfeffer aus der Mühle

Butterschmalz in einem mittelgroßen Topf erhitzen und das Lammfleisch bei großem Feuer 6 Minuten unter häufigem Wenden rundum bräunen. Zwiebeln und Knoblauch dazugeben und 1 Minute unter Rühren schmoren, dann Tomatenmark und Tomaten, Thymian und Brühe zugeben und zum Kochen bringen. Hitze reduzieren, zudecken und etwa 30 Minuten köcheln lassen, Schaum abschöpfen. Karotten, Erbsen und grüne Paprika zugeben. Weitere 20 Minuten garen, bis das Lamm weich ist.
Inzwischen das Kartoffelpüree zubereiten. Kartoffeln mit leicht gesalzenem Wasser in einem großen Topf zum Kochen bringen, Hitze auf Mittelstufe reduzieren und Kartoffeln ca. 15 Minuten garen, nicht zu lange kochen. Abgießen und abdampfen lassen. Butter und Knoblauch in einem kleinen Topf ca. 1 Minute bei sanfter Hitze schmoren, Milch und Sahne zugeben und heiß werden lassen. Zu den Kartoffeln geben, herzhaft salzen und pfeffern. Bei geringer Hitze die Kartoffeln zu einem glatten und cremigen Püree stampfen.
Das Kartoffelpüree auf vorgewärmte Teller geben. Den Lamm-Kebab darauf anrichten. Mit gehackter Petersilie bestreuen und servieren.

~~~~~~~~~~~~~~~~~~~~~~~~

Etli Pazi Sarmasi

MIT FLEISCH UND KRÄUTERN GEFÜLLTER MANGOLD

Für 4–6 Portionen

Füllung

1 mittelgroße Zwiebel, fein geraffelt
4 Knoblauchzehen, zerdrückt
500 g mageres Lamm- oder Rinderhackfleisch
1 EL Tomatenmark
2 große Tomaten, enthäutet, entkernt und fein gehackt
100 g Langkornreis
1 EL frischer Dill, fein gehackt
2 EL frische Minze, fein gehackt
4 EL glatte Petersilie, fein gehackt
1/2 TL türkischer roter Paprika oder scharfer Rosenpaprika
Salz, schwarzer Pfeffer aus der Mühle

1,25 kg Mangold
3 EL Butterschmalz
1 EL Tomatenmark
1/2 l Lammbrühe (S. 58) oder Wasser
1 Rezept Joghurt-Knoblauch-Sauce (S. 13)

Zutaten für die Füllung in einer großen Schüssel gut vermischen. Schüssel zudecken und kalt stellen.
Die weißen Stiele des Mangolds mit einem scharfen Messer entfernen. 1 l leicht gesalzenes Wasser zum Kochen bringen und den Mangold etwa 3 Minuten blanchieren. Mit einem Schaumlöffel herausnehmen und in kaltem Wasser abschrecken. Die Blätter in einem Sieb auslegen und gut abtropfen lassen.
Für die Sarmas die Mangoldblätter mit den Adern nach oben auf eine Arbeitsfläche legen und längs halbieren. 2 EL der Füllung am Stielende des Blatts plazieren, die Seiten über die Füllung schlagen und das Blatt aufrollen

(nicht zu fest, sonst platzen die Sarmas beim Kochen). Die Mangoldrollen mit der »Naht« nach unten nebeneinander in feuerfeste Kasserolle legen, mit zerlassenem Butterschmalz bestreichen. Tomatenmark mit Lammbrühe mischen und darübergießen. Zerknülltes und wieder auseinandergezogenes nasses Pergamentpapier auf die Sarmas legen und mit einem feuerfesten Teller beschweren. Zum Kochen bringen, Hitze reduzieren und etwa 1 Stunde 15 Minuten sanft kochen lassen bzw. bis die Sarmas weich sind. Sofort servieren, die Kochflüssigkeit über die Röllchen geben. Dazu Joghurt-Knoblauch-Sauce.

Etli Yaprak Sarmasi

MIT FLEISCH UND KRÄUTERN GEFÜLLTE WEINBLÄTTER

Für 4–6 Portionen

Verwenden Sie im Sommer frische Weinblätter für diese Sarmas. Waschen Sie 36–40 mittelgroße Blätter und pochieren Sie sie ca. 3 Minuten in kochendem Wasser, dem Sie Salz und Zitronensaft zugefügt haben. Vor Gebrauch abkühlen lassen.

Füllung

- 500 g mageres Lamm- oder Rinderhackfleisch
- 1 mittelgroße Zwiebel, fein geraffelt
- 3 Knoblauchzehen, zerdrückt
- 1 EL Tomatenmark
- 1 mittelgroße Tomate, enthäutet, entkernt und fein gehackt
- 100 g Langkornreis
- 2 EL frischer Dill, fein gehackt
- 4 EL glatte Petersilie, fein gehackt
- 1/2 TL türkischer Paprika oder scharfer Rosenpaprika
- Salz, schwarzer Pfeffer aus der Mühle

- 1 Dose Weinblätter (ca. 450 g Abtropfgewicht)
- 3 EL Butter
- 1 EL Tomatenmark
- 1/2 l Lammbrühe (S. 58) oder Wasser
- 1 Rezept Joghurt-Knoblauch-Sauce (S. 13) oder normaler Joghurt

Die Zutaten für die Füllung in einer großen Schüssel vermengen. Mit Salz und Pfeffer abschmecken und gut durcharbeiten. Zudecken und kalt stellen.
2 l Wasser zum Kochen bringen, die Weinblätter entrollen und 2 Minuten im kochenden Wasser blanchieren; das macht die Blätter weich und entzieht das Salz. Die Blätter mit einem Schaumlöffel aus dem Wasser nehmen und zum Abtropfen über den Rand eines Siebs hängen. Den kleinen Blattstiel mit einem scharfen Messer V-förmig ausschneiden.
36 Weinblätter Seite an Seite mit den Adern nach oben auslegen. 2 EL der Füllung ans Stielende jedes Blattes legen. Das Stielende über die Füllung klappen, beide Seiten umschlagen und die Blätter aufrollen (nicht zu fest, sonst platzen sie beim Kochen).
Eine ofenfeste Form mit der Hälfte der restlichen Weinblätter auslegen. Die Sarmas mit der Naht nach unten dicht nebeneinander darauflegen und mit Butter bestreichen.
Das Tomatenmark mit der Brühe vermischen und über die Sarmas gießen. Mit den übrigen Weinblättern zudecken, dann zerknülltes und auseinandergezogenes nasses Pergamentpapier auf die Blätter legen und mit einem feuerfesten Teller beschweren. Zum Kochen bringen, Hitze reduzieren, Form zudecken und ca. 1 1/4 Stunden köcheln lassen, bis die Sarmas durch sind. Heiß servieren, die Kochflüssigkeit darüberträufeln. Dazu gibt es Joghurt-Knoblauch-Sauce oder normalen Joghurt.
Tip: Man kann die Sarmas auch ebenso lange im 180 °C heißen Backofen backen, nachdem man die Flüssigkeit auf dem Herd zum Kochen gebracht hat.
Übriggebliebene Sarmas können auf niedriger Hitze in einer zugedeckten Pfanne aufgewärmt werden. Etwas Lammbrühe zugeben.

Hünkar Beğendi

»Ihrer Majestät Entzücken«
Für 6 Portionen

Das gewürzte Lammfleisch und das leicht rauchig schmeckende Auberginenpüree passen hervorragend zusammen. Servieren Sie dazu einen Hirtensalat (S. 127).

- 4 EL Butterschmalz
- 3 EL natives Olivenöl extra
- 1,5 kg Lammfleisch (Schulter oder Haxe), pariert und in 3 cm große Würfel geschnitten
- 1 mittelgroße Zwiebel, gewürfelt
- 4 Knoblauchzehen, zerdrückt
- 2 TL Tomatenmark
- 4 mittelgroße Tomaten, enthäutet, entkernt und fein gehackt
- 1/2 TL getrockneter Thymian
- 1 Teelöffel getrockneter Oregano
- 3/8 l Lammbrühe (S. 58) oder Wasser
- Salz, schwarzer Pfeffer aus der Mühle
- 5 EL glatte Petersilie, fein gehackt

Beğendi (Auberginenpüree)

- 3 runde oder große lange Auberginen (ca. 1–1,2 kg)
- 3 EL Zitronensaft
- 3 EL Salz
- 1/4 l Milch
- 2 EL Sahne
- 4 EL Butter
- 30 g Mehl
- 120 g Kaşar-Käse, gerieben

Gegebenenfalls Holzkohlengrill vorbereiten.
Butterschmalz und Öl in einem mittelgroßen Topf erhitzen, das Lammfleisch bei großer Hitze unter Rühren ca. 6 Minuten bräunen. Zwiebel und Knoblauch zufügen und 1 Minute weiterschmoren. Tomatenmark, Tomaten, Thymian, Oregano und Brühe zugeben, salzen und pfeffern. Zum Kochen bringen, Hitze reduzieren, Topf zudecken und etwa eine Stunde köcheln lassen, bis das Lamm weich und die meiste Flüssigkeit absorbiert ist. Ab und zu Schaum abschöpfen.
Inzwischen die Auberginen zubereiten. Wird kein Holzkohlengrill verwendet, Backofengrill anheizen. Mit einem Spieß die Auberginen rundum einstechen, damit die Hitze eindringen kann. Die Auberginen auf den Grill legen (ca. 12 cm Abstand von der Glut) und ca. 15 Minuten grillen – gelegentlich wenden –, bis sie ganz zusammengefallen sind. Alternativ im Backofen ca. 25 Minuten unter dem Grill braten, häufig wenden. Inzwischen Zitronensaft, 3/4 l Wasser und 3 EL Salz in einer großen Schüssel mischen und beiseite stellen.
Wenn die Auberginen etwas abgekühlt sind, schälen, das Fruchtfleisch in die Schüssel mit Zitronenwasser geben. 10 Minuten ziehen lassen, das verhindert Verfärbung.
In ein Sieb geben und mit der flachen Seite eines großen Holzlöffels ausdrücken.
Milch und Sahne in einem kleinen Topf auf kleiner Flamme erwärmen. Butter in einem großen Topf erhitzen, Mehl zugeben und unter Rühren 1 Minute dünsten. Mit dem Schneebesen langsam die warme Milch und Sahne einrühren und 1 weitere Minute leise köcheln lassen. Erst Auberginenmasse und dann Käse zugeben. 4 Minuten lang kochen und mit dem Schneebesen rühren, bis die Masse glatt und cremig ist.
Das Auberginenpüree auf vorgewärmten Tellern anrichten und das Lammfleisch darum herum arrangieren. Etwas Fleischsauce darübergeben. Mit gehackter Petersilie bestreuen und servieren.

~ »Ihrer Majestät Entzücken«, serviert mit einem Rakı

~~~~~~~~~~~~~~~~~~~~~~

Etli Biber Dolmasi

MIT FLEISCH UND KRÄUTERN GEFÜLLTE GRÜNE PAPRIKA

Für 6 Portionen

Füllung

500 g mageres Lamm- oder Rinderhackfleisch
1 mittelgroße Zwiebel, fein geraffelt
4 Knoblauchzehen, zerdrückt
50 g Langkornreis
1 EL Tomatenmark
2 mittelgroße Tomaten, enthäutet, entkernt und fein gehackt
2 EL frischer Dill, fein gehackt
1 EL getrocknete Minze
1 Bund glatte Petersilie, fein gehackt
1/2 TL türkischer roter Paprika oder scharfer Rosenpaprika
Salz, schwarzer Pfeffer aus der Mühle

12 kleine grüne Paprika (ca. 1,2 kg)
3 mittelgroße Tomaten, geviertelt
4 EL Butterschmalz
1 EL Tomatenmark
1/2 l Lammbrühe (S. 58) oder Wasser
1 Rezept Joghurt-Knoblauch-Sauce (S. 13) oder normaler Joghurt

Die Zutaten für die Füllung in einer großen Schüssel gut vermengen. Zudecken und kalt stellen, während Sie die Paprikaschoten vorbereiten (entkernen und Scheidewände entfernen).
Die Füllung in die Paprikaschoten verteilen, leicht festdrücken. Nicht zuviel Füllung verwenden, sonst platzen sie beim Garen. Auf jede gefüllte Paprika ein Tomatenviertel drücken.
Die Paprikaschoten in eine feuerfeste Form stellen. Mit zerlassenem Butterschmalz bestreichen. Tomatenmark mit der Brühe vermengen und über die Paprika gießen. Die Paprika mit zerknülltem und auseinandergezogenem nassem Pergamentpapier bedecken und mit einem feuerfesten Teller beschweren. Topf zudecken, alles zum Kochen bringen, Hitze reduzieren und 45 Minuten köcheln lassen bzw. bis die Paprika weich sind.
Paprikaschoten auf vorgewärmte Teller geben, etwas von der Kochflüssigkeit darüberträufeln und servieren. Zu den gefüllten Paprika Joghurt-Knoblauch-Sauce oder Joghurt reichen.

~~~~~~~~~~~~~~~~~~~~~~

Etli Enginar Dolmasi

MIT FLEISCH UND KRÄUTERN GEFÜLLTE ARTISCHOCKEN

Für 4 Portionen

Füllung

500 g mageres Lamm- oder Rinderhackfleisch
1 mittelgroße Zwiebel, fein geraffelt
4 Knoblauchzehen, zerdrückt
50 g Langkornreis
1 EL Tomatenmark
2 mittelgroße Tomaten, enthäutet, entkernt und fein gehackt
2 EL frischer Dill, fein gehackt
1 EL getrocknete Minze
1 Bund glatte Petersilie, fein gehackt
Salz, schwarzer Pfeffer aus der Mühle

30 g Mehl
2 Zitronen, halbiert
6 große oder 12 kleine runde Artischocken (ca. 1,8 kg)
4 EL Butter
1/2 l Lammbrühe (S. 58) oder Wasser

Die Zutaten für die Füllung in einer großen Schüssel gut vermischen. Schüssel zudecken und kalt stellen, während Sie die Artischocken vorbereiten.
Mehl und Saft von 1 1/2 Zitronen mit 5 Tassen Wasser in einer großen Schüssel mischen. Die Stiele der Artischocken so abschneiden, daß diese stehen könne. Harte Außenblätter entfernen, harte Blattspitzen abschneiden, das Heu mit einem Löffel herausholen und gut ausschaben. Die Artischocken mit der übrigen 1/2 Zitrone abreiben und in das Zitronenwasser geben, damit sie sich nicht verfärben. Die Artischocken aus dem Wasser holen und abschütteln. Jede Artischocke mit der Fleischfarce füllen (nicht zuviel nehmen). In eine feuerfeste Form stellen, mit Butter bestreichen, Brühe zugeben und mit zerknülltem Pergamentpapier bedecken, mit einem feuerfesten Teller beschweren. Zudecken, zum Kochen bringen, dann Hitze reduzieren und ca. 50 Minuten dünsten, bis die Artischocken weich sind.
Die Artischocken auf vorgewärmte Teller plazieren. Etwas Sauce aus dem Topf darüberträufeln und servieren.

Patlican Musakka

AUBERGINEN-MUSSAKA
Für 4–6 Portionen

1 kg Auberginen (etwa 6 Stück)
1/8 l leichtes Olivenöl oder Pflanzenöl
1/4 l Lammbrühe (S. 58) oder Wasser
2 Tomaten, in Scheiben (optional)

Fleischsauce

3 EL Butterschmalz
1 mittelgroße Zwiebel, gewürfelt
4 Knoblauchzehen, zerdrückt
500 g mageres Lamm- oder Rinderhackfleisch
1 1/2 EL Tomatenmark
4 mittelgroße grüne Paprika, entkernt und grob gewürfelt
3 mittelgroße Tomaten, enthäutet, entkernt und grob gehackt
4 EL glatte Petersilie, grob gehackt
2 TL gemahlener Sumak (optional)
1 EL gemahlener Kreuzkümmel (optional)
Salz, schwarzer Pfeffer aus der Mühle

Die Stiele der Auberginen abschneiden, dann die Hälfte der Haut längs so abschälen, daß Streifen entstehen; in 2,5 cm dicke runde Scheiben schneiden. In eine große Schüssel mit kräftig gesalzenem kaltem Wasser geben und 20 Minuten stehen lassen. Backofen auf 180 °C vorheizen.
Für die Fleischsauce Butterschmalz in einem mittelgroßen Topf erhitzen, Zwiebel und Knoblauch darin ca. 1 Minute dünsten, nicht bräunen lassen. Das Fleisch zugeben und weitere 3 Minuten braten, dabei gut zerteilen. Tomatenmark, grüne Paprika, Tomaten, Petersilie und Gewürze zugeben. Das Ragout 5 Minuten kochen lassen, gelegentlich umrühren, dann vom Herd nehmen und beiseite stellen.
Die Auberginen abtropfen lassen und abspülen, dann vorsichtig ausdrücken. Mit Küchenpapier trockentupfen. Das Öl in einer großen Pfanne erhitzen und die Auberginenscheiben auf beiden Seiten braun braten. Nicht zu eng in die Pfanne legen, falls nötig Olivenöl nachgießen. Aus der Pfanne nehmen und auf Küchenpapier abtropfen lassen.
Die Hälfte der Fleischsauce in einer Backform verteilen. Darauf die gebratenen Auberginenscheiben legen und mit der übrigen Sauce bedecken. Lammbrühe darübergießen und 20–30 Minuten backen, bis die Auberginen weich sind. Heiß servieren.

Karnibahar Musakka

BLUMENKOHL-MUSSAKA
Für 4–6 Portionen

1 großer Blumenkohl, in Röschen zerteilt
2 EL Butterschmalz
2 EL natives Olivenöl extra
1 mittelgroße Zwiebel, gewürfelt
4 Knoblauchzehen, zerdrückt
500 g mageres Lamm- oder Rinderhackfleisch
1 EL Tomatenmark
2 mittelgroße grüne Paprika, entkernt und in schmale Ringe geschnitten
2 mittelgroße Tomaten, enthäutet, entkernt und fein gehackt
1/2 TL türkischer roter Paprika oder scharfer Rosenpaprika
2 EL frischer Dill, fein gehackt
4 EL glatte Petersilie, fein gehackt
3/8 l Lammbrühe (S. 58) oder Wasser
2 EL Zitronensaft
Salz, schwarzer Pfeffer aus der Mühle

Leicht gesalzenes Wasser in einem großen Topf zum Kochen bringen und die Blumenkohlröschen 4 Minuten blanchieren. Mit einem Schaumlöffel herausnehmen und in eiskaltes Wasser tauchen. Gut abtropfen lassen und beiseite stellen.
In einem mittelgroßen Topf Butterschmalz und Olivenöl erhitzen, Zwiebel und Knoblauch darin bei Mittelhitze ca. 2 Minuten unter Rühren dünsten, nicht braun werden lassen. Fleisch zufügen und weitere 3 Minuten unter häufigem Rühren braten. Das Tomatenmark einrühren, dann die Blumenkohlröschen, Paprika, Tomaten, türkischen roten Paprika, Dill, Petersilie und Brühe zugeben.
Mit Salz und Pfeffer abschmecken.
Alles zum Kochen bringen, Hitze reduzieren und 45 Minuten schmoren lassen. Den Topf vom Feuer nehmen und Zitronensaft unterrühren. Auf vorgewärmten Tellern anrichten und servieren.

Pazi Yaprakli Kuzu Incik Kapamasi

HAXEN VOM MILCHLAMM MIT GEDÜNSTETEM MANGOLD
Für 4 Portionen

Dieses ländliche Gericht aus saftigen Lammhaxen und Mangold schmeckt am besten, wenn Sie Milchlamm verwenden. Bitten Sie Ihren Metzger, 2–3 cm von den Knochenenden abzusägen. Mit weißem Reispilaw servieren (S. 115).

4 Lammhaxen, Gesamtgewicht ca. 1,8 kg
60 g Mehl
5 EL natives Olivenöl extra
3 EL Butterschmalz
6 Knoblauchzehen, zerdrückt
1 Bund Frühlingszwiebeln, mit grünen Teilen, gehackt
2 EL Tomatenmark
3 mittelgroße Tomaten, enthäutet, entkernt und grob gehackt
2 TL frischer Thymian
1 l Lammbrühe (S. 58) oder Wasser
2 Karotten, gewürfelt
500 g Mangold, grob gehackt
4 EL glatte Petersilie, grob gehackt
Salz, schwarzer Pfeffer aus der Mühle

Backofen auf 200 °C vorheizen.
Lammhaxen mit Mehl bestäuben, salzen und pfeffern.
In einem großen, ofengeeigneten Topf das Olivenöl erhitzen und die Lammhaxen auf großer Flamme 5 Minuten scharf anbraten, bis sie rundum gebräunt sind. Haxen herausnehmen und Fett abgießen. Butterschmalz in demselben Topf erhitzen, Knoblauch und Frühlingszwiebeln 1 Minute unter Rühren glasig dünsten. Tomatenmark, Tomaten und Thymian zugeben, salzen und pfeffern.
Haxen in den Topf geben, mit Brühe begießen und zum Kochen bringen. In den Backofen stellen und $1\,^1/_2$ Stunden schmoren lassen, bis das Fleisch weich ist. Von Zeit zu Zeit Schaum und Fett abschöpfen. 30 Minuten vor Ende der Garzeit Karotten und Mangold zufügen.
Mangold und Karotten mit Schaumlöffel aus dem Topf nehmen und auf 4 vorgewärmten Tellern anrichten. Die Kochflüssigkeit reduzieren und abschmecken. Die Lammhaxen auf das Gemüse legen und die Sauce darüberträufeln. Mit Petersilie bestreuen und servieren.

~ Haxen vom Milchlamm mit gedünstetem Mangold

Patlican Karniyarik

MIT FLEISCH UND KRÄUTERN GEFÜLLTE AUBERGINEN

Für 6 Portionen

6 kleine Auberginen (18–20 cm lang), Gesamtgewicht ca. 1,2 kg
1/8 l leichtes Olivenöl oder Pflanzenöl
6 kleine grüne Paprikaschoten

Fleisch-Kräuter-Füllung

3 EL Butterschmalz
1 mittelgroße Zwiebel, fein geraffelt
4 Knoblauchzehen, zerdrückt
1 EL Tomatenmark
4 mittelgroße Tomaten, 2 davon enthäutet und gehackt
500 g mageres Lamm- oder Rinderhackfleisch
8 EL glatte Petersilie, fein gehackt
8 EL frischer Dill, fein gehackt
1/4 l Lammbrühe (S. 58) oder Wasser
Salz, schwarzer Pfeffer aus der Mühle

Backofen auf 180 °C vorheizen.
Die Auberginen längs schälen, dabei die Stiele intakt lassen. In jede Aubergine der Länge nach einen tiefen Schnitt machen, aber nicht über die ganze Länge. Die Auberginen in eine Schüssel mit kräftig gesalzenem Wasser geben und 20 Minuten ziehen lassen.
Für die Fleisch-Kräuter-Füllung Butterschmalz in einem tiefen Topf erhitzen, Zwiebel und Knoblauch darin 2 Minuten bei Mittelhitze dünsten, nicht braun werden lassen. Tomatenmark und Tomatenfleisch zugeben und unter Rühren 1 Minuten weiterdünsten. Hackfleisch, Petersilie, Dill und Brühe zugeben, salzen und pfeffern. Gut durchrühren, Topf zudecken und 15 Minuten köcheln lassen.
Auberginen abspülen und abtropfen lassen, vorsichtig ausdrücken, mit einem Geschirrtuch trockentupfen. Das Öl in einer tiefen Pfanne erhitzen und die Auberginen auf großer Flamme rundum bräunen (ca. 2 Minuten). Auf Küchenpapier abtropfen lassen. Grüne Paprikaschoten in die Pfanne geben und braten, bis sie eben weich sind.
Die Auberginen mit dem Schnitt nach oben dicht nebeneinander in eine Backform legen. Mit der Fleischmischung füllen und die Paprikaschoten darauflegen. Die Tomatenviertel neben die Paprika legen. Übriggebliebene Sauce von der Füllung darübergießen. Mit nassem Pergamentpapier abdecken und ca. 40 Minuten backen, bis die Auberginen weich sind. Mit dem Bratensaft begießen und heiß servieren.

Izgara Kuzu Şiş Kebabi

LAMMSPIESS VOM HOLZKOHLENGRILL

Für 4 Portionen

Diese zarten marinierten Lammfleischwürfel gehören in meinem Restaurant seit langem zu den beliebtesten Gerichten. Meiner Meinung nach schmeckt Lamm am besten, wenn es nicht durchgebraten ist (blutig bis medium).

1/8 l natives Olivenöl extra
1 kleine Zwiebel, fein geraffelt
1/2 Tasse Milch
1 kg Lammkeule ohne Knochen, entbeint, pariert und in 3 cm große Würfel geschnitten
Salz, schwarzer Pfeffer aus der Mühle

Olivenöl, Zwiebel und Milch in eine Schüssel geben, salzen und pfeffern. Lammwürfel zugeben und mit der Marinade gut vermischen. Zudecken und 24 Stunden kalt stellen, währenddessen das Fleisch einige Male wenden.
Einen Holzkohlengrill vorbereiten. 30 Minuten vor dem Grillen das Fleisch aus dem Kühlschrank nehmen. Die Lammwürfel auf 4 Spieße verteilen und mit ca. 12 cm Abstand von der Glut grillen, häufig wenden und mit der Marinade bestreichen. Bratzeit: medium ca. 8 Minuten, durchgebraten 12 Minuten. Lammfleisch von den Spießen nehmen oder am Spieß servieren.
Variation: Zwischen die Fleischwürfel grob zerteilte Zwiebeln, Tomaten und grüne Paprika stecken.

~~~~~~~~~~~~~~~~~~~~~~

Izgara Tavuk Şiş Kebabi

HÜHNERSPIESS VOM HOLZKOHLENGRILL
Für 4 Portionen

Marinade

- 2 Becher Joghurt
- 5 EL natives Olivenöl extra
- 2 EL Zitronensaft
- 3 Knoblauchzehen, zerdrückt
- 1 TL süßer Paprika
- Salz, schwarzer Pfeffer aus der Mühle

- 1 kg Hühnerbrust ohne Haut und Knochen, in 3 cm große Würfel geschnitten

Für die Marinade Joghurt, Olivenöl, Zitronensaft, Knoblauch, Paprika, Salz und Pfeffer in einer Schüssel verrühren. Hühnerwürfel damit vermischen. Schüssel zudecken und mindestens 2 Stunden kalt stellen, die Würfel ein- bis zweimal wenden.
Holzkohlengrill vorbereiten.
Die Fleischwürfel auf 4 Spieße verteilen. Übrigbleibende Marinade aufbewahren. Die Hühnerspieße mit ca. 12 cm Abstand von der Glut 8–10 Minuten grillen, häufig wenden und mit der Marinade bestreichen. Das Fleisch von den Spießen nehmen und servieren.
Variation: Sie können auch Tomaten, Zwiebeln und Paprika zwischen die Hühnerwürfel stecken.

~~~~~~~~~~~~~~~~~~~~~~

Beğendili Tavuk

HUHN MIT AUBERGINENPÜREE
Für 4–6 Portionen

- 1–1,25 kg Hühnerbrust ohne Haut und Knochen, in 1,5 cm breite Streifen geschnitten
- Salz, schwarzer Pfeffer aus der Mühle
- 3 EL Butterschmalz
- 4 Knoblauchzehen, zerdrückt
- 1/2 Bund Frühlingszwiebeln, mit grünen Teilen, fein gehackt
- 2 mittelgroße grüne Paprika, entkernt und fein gehackt
- 2 große Tomaten, enthäutet, entkernt und fein gehackt
- 1 EL frischer Dill, fein gehackt
- 2 EL glatte Petersilie, fein gehackt
- 1/2 TL türkischer roter Paprika oder scharfer Rosenpaprika
- 1/4 l Hühnerbrühe (S. 58)
- 1 Rezept Beğendi (Auberginenpüree, S. 87)

Beğendi zubereiten und warm halten.
Hühnerfleisch salzen und pfeffern. In einer großen Pfanne Butterschmalz erhitzen und die Hühnerstreifen darin bei Mittelhitze 3 Minuten braten, bis sie rundum braun sind. Knoblauch, Frühlingszwiebeln, grüne Paprika, Tomaten, Dill, Petersilie, türkischen roten Paprika einrühren, etwas schmoren lassen. Hühnerbrühe zugeben, salzen und pfeffern. Pfanne zudecken, zum Kochen bringen, Hitze reduzieren und 15 Minuten dünsten lassen, bis das Huhn gar und die Flüssigkeit aufgenommen ist. Beğendi auf vorgewärmte Teller geben und Hühnerfleisch mit der Sauce darauf verteilen. Mit Salat servieren.

~ Sauerkirschengetränk (S. 151)

~~~~~~~~~~~~~~~~~~~~~~

Piliç Sarmasi

MIT REIS, PISTAZIEN UND KRÄUTERN GEFÜLLTE HÜHNERBRUST

Für 6 Portionen

6 Hühnerbrustfilets ohne Haut und Knochen
Salz, schwarzer Pfeffer aus der Mühle
2 EL Butterschmalz
2 EL Schalotten, fein gehackt
2 mittelgroße Tomaten, enthäutet, entkernt und fein gehackt
1 EL frischer Dill, fein gehackt
4 EL trockener Weißwein
1 EL glatte Petersilie, fein gehackt

Füllung

3 EL Butterschmalz
2 EL Schalotten, fein gehackt
200 g Rundkornreis, gewaschen und abgetropft (S. 112)
$^3/_8$ l Hühnerbrühe (S. 58)
1 große Tomate, enthäutet, entkernt und fein gehackt
50 g geschälte Pistazien
2 EL frische Minze, fein gehackt
2 EL glatte Petersilie, fein gehackt
3 EL frischer Dill, fein gehackt

Die Pistazien in $^1/_2$ l kochendem Wasser 1 Minute blanchieren. Abtropfen lassen und in kaltem Wasser spülen. Mit einem Geschirrtuch die braune Haut abreiben. Beiseite stellen.
Backofen auf 180 °C vorheizen.
Für die Füllung 3 EL Butterschmalz in einem mittelgroßen Topf erhitzen, Schalotten und Reis darin bei Mittelhitze unter Rühren dünsten, bis sie gleichmäßig mit Butter überzogen sind (ca. 1 Minute). Brühe zugeben und zum Kochen bringen, Flamme reduzieren, Topf zudecken und etwa 15 Minuten köcheln lassen, bis die Flüssigkeit absorbiert ist.
Topf vom Feuer nehmen, Tomate, Pistazien, Minze, Petersilie und Dill zugeben. Gut mischen und beiseite stellen.
Die Hühnerbrüste zwischen Pergamentpapier oder Frischhaltefolie mit einem Fleischklopfer behutsam flachklopfen. Salzen und pfeffern.
6 Stück Pergamentpapier in so große Vierecke schneiden, daß die Hühnerbrüste darin eingepackt werden können. Hühnerbrüste auf das Papier legen, 2 gehäufte EL der Füllung daraufgeben. Das Pergament vorsichtig aufrollen und beide Enden mit Küchenzwirn zubinden. Die Hühnerbrüste dicht aneinander in eine feuerfeste Form legen und ca. 25 Minuten backen, einmal wenden.
Inzwischen 2 EL Butterschmalz in einer kleinen Pfanne erhitzen, Schalotten darin 1 Minute dünsten. Die gehackten Tomaten und Dill zugeben, salzen und pfeffern. Diese Mischung mit einer Gabel oder einem Kartoffelstampfer zu Mus zerdrücken. Wein zugießen und weitere 2 Minuten dünsten. Vom Feuer nehmen und warm halten.
Die Hühnerbrüste auswickeln und in dicke Scheiben schneiden. Die Tomatensauce auf angewärmte Teller geben und das Hühnerfleisch darauf anrichten. Mit gehackter Petersilie garnieren und servieren.

~~~~~~~~~~~~~~~~~~~~~~

Sebzeli Tavuk Güveci

HUHN MIT GEMÜSE AUS DEM TONTOPF

Für 4 Portionen

Dieses Gericht kann auch in feuerfesten Keramiktöpfchen mit Deckel zubereitet werden. Wenn kein Tontopf vorhanden ist, eine Kasserolle mit Deckel verwenden.

3 EL Butterschmalz
1 kg Hühnerbrust ohne Knochen und Haut, in 4 cm breite Streifen geschnitten
4 EL natives Olivenöl extra
2 mittelgroße Auberginen (ca. 350 g), geschält und in 2,5 cm dicke Scheiben geschnitten
3 kleine Zucchini (ca. 350 g), in 2,5 cm dicke Scheiben geschnitten
2 mittelgroße grüne Paprika, entkernt und in große Stücke geschnitten
250 g grüne Bohnen, gedrittelt
1 $^1/_2$ EL frischer Dill, fein gehackt
5 EL glatte Petersilie, fein gehackt
Salz, schwarzer Pfeffer aus der Mühle
250 g Okraschoten
2 mittelgroße Tomaten, enthäutet, in dicke Scheiben geschnitten
$^1/_8$ l Hühnerbrühe

Backofen auf 180 °C vorheizen.
Butterschmalz in einer großen Pfanne erhitzen und das Hühnerfleisch darin bei Mittelhitze ca. 3 Minuten braten, bis es leicht gebräunt ist. Aus der Pfanne nehmen und

~ Mit Reis, Pistazien und Kräutern gefüllte Hühnerbrust

beiseite stellen. Olivenöl in derselben Pfanne erhitzen und die Auberginenscheiben auf großer Flamme von allen Seiten leicht bräunen (ca. 2 Minuten), auf Küchenpapier abtropfen lassen. Zucchini und grüne Paprika in die Pfanne geben und von allen Seiten bräunen.

Eine Schicht Auberginen in den Tontopf geben, dann Zucchini, grüne Paprika und Bohnen auf die Auberginen schichten. Dill und Petersilie darüberstreuen. Die Okraschoten putzen (Spitze und Stielansatz knapp abschneiden) und in den Tontopf geben, dann die Tomaten. Fleischstreifen auf das Gemüse legen und mit Brühe begießen. Topf zudecken und 35–40 Minuten backen, bis das Gemüse weich und das Huhn gar ist.

Meeresfrüchte

Frischer Fisch wird überall in der Türkei reichlich angeboten, ganz besonders natürlich an den Küsten. In kleinen Orten wird man Ihnen erzählen, wo und wann der Fisch gefangen wurde, eine Garantie für seine Frische. Einige der köstlichsten Fischgerichte sind auch die simpelsten, zum Beispiel Schwertfisch, mit grünem Paprika, Tomaten, Zwiebeln und Lorbeerblättern am Spieß gegrillt.

Fischeintöpfe werden mit dem gemacht, was es gerade reichlich gibt – Garnelen, Tintenfisch, Stücke von weißem, festfleischigem Fisch. Normalerweise werden sie mit einer leichten Tomatensauce im Tontopf zubereitet. Oft aber wird Fisch einfach gegrillt. Exotisch ist das Verfahren, Fisch mit dem Anisschnaps Rakı zu würzen und in Pergamentpapier zu wickeln (S. 106). Eines der hervorragendsten türkischen Gerichte sind Sardinen in Weinblättern vom Holzkohlengrill (S. 98).

Die türkische Küche nützt das ganze Spektrum des großen Angebots, was sich in den folgenden Rezepten widerspiegelt. Aber in den meisten Fällen kann man rare Fischsorten durch ähnliche ersetzen. Ein Rezept, das Meeräsche verlangt, kann zum Beispiel auch mit einem anderen aromatischen Fisch wie Blaufisch (Seelachs) oder Seebarsch gemacht werden. Wenn man keine frischen Sardinen bekommt, nimmt man tiefgekühlte.

Asma Yaprağında Sardalye Izgarası

SARDINEN IN WEINBLÄTTERN VOM HOLZKOHLENGRILL

Für 4 Portionen

Diese ungewöhnliche Art, kleine Fische zu grillen, ist eine Spezialität der türkischen Küstenregionen. In manchen Städten an der Ägäis wickeln Köche kleine Fische in zarte Feigenblätter. Statt Sardinen können Sie auch Rotbarben nehmen.

16 große Weinblätter
16 frische Sardinen, Gesamtgewicht 1–1,2 kg
Salz, schwarzer Pfeffer aus der Mühle
1 kleine Zwiebel, fein geraffelt
$^1/_2$ TL gemahlener Kreuzkümmel
6 EL natives Olivenöl extra
4 EL Zitronensaft
1 Zitrone

Die Weinblätter vorsichtig voneinander trennen. Die kleinen Stielansätze abschneiden und die Blätter ca. 10 Minuten in warmem Wasser einweichen. Unter fließendem kaltem Wasser abspülen und sie über den Rand eines Siebs hängen, möglichst nebeneinander. Abtropfen lassen und beiseite stellen.
Die Fische schuppen und ausnehmen. Unter fließendem kaltem Wasser abspülen und mit Küchenpapier trockentupfen. Fische salzen und pfeffern, die Innenseite mit der geraffelten Zwiebel einreiben und mit Kreuzkümmel bestreuen.
Olivenöl, Zitronensaft, Salz und Pfeffer vermengen. Fische in eine flache Schüssel legen und die Marinade darübergießen, Fische darin wenden, damit sie gut benetzt sind. Zudecken und 20 Minuten kalt stellen.
Holzkohlengrill vorbereiten, den Rost 12–15 cm über die Glut hängen.
Die Weinblätter mit der glänzenden Seite nach unten auf eine Arbeitsfläche legen. Mit etwas Marinade bestreichen und Fische sorgfältig einwickeln. Die eingepackten Fische mit der Naht nach unten auf den Grill legen, 8 Minuten grillen, mehrmals wenden und mit Marinade bestreichen. Die Weinblätter öffnen, Zitrone über den Sardinen ausdrücken und servieren. (Bei diesem Gericht werden die Weinblätter nicht mitgegessen.)

Izgara Dil Baliği Şiş Kebabi

SEEZUNGENSPIESS VOM HOLZKOHLENGRILL
Für 4 Portionen

Diese ungewöhnliche Art, Plattfische wie Seezunge oder Scholle zu grillen, verhindert, daß sie zerfallen, und gibt ihnen einen wunderbaren Geschmack. Nur frischen, festen Fisch verwenden. Man grillt den aufgespießten Fisch und die Gemüse unmittelbar auf der Glut, darum braucht man für dieses Rezept Spieße, die mindestens so lang sind, daß sie gut über den ganzen Grill reichen.

- 1/8 l natives Olivenöl extra
- 4 EL Zitronensaft
- Salz, schwarzer Pfeffer aus der Mühle
- 8 Seezungen- oder Schollenfilets (Gesamtgewicht ca. 1 kg), der Länge nach halbiert
- 1 große Zwiebel, geviertelt
- 4 kleine grüne Paprika, entkernt und geviertelt
- 3 mittelgroße Tomaten, entkernt und geviertelt
- 12 frische oder getrocknete Lorbeerblätter
- 2 EL glatte Petersilie, gehackt

In einer Schüssel Olivenöl, Zitronensaft, Salz und Pfeffer vermengen. Den Fisch in eine flache Schüssel legen und die Marinade darübergießen, den Fisch wenden, damit er gut benetzt wird. Schüssel zudecken und ca. 20 Minuten kalt stellen.
Den Holzkohlengrill vorbereiten. Den Rost entfernen, der Fisch wird direkt auf den Kohlen gebraten.
Seezungenfilets vom Schwanzende her aufrollen. Die Rollen abwechselnd mit Zwiebel-, Paprika- und Tomatenstücken sowie den Lorbeerblättern auf die Spieße stecken. Auf jeden Spieß kommen 2 Filetrollen.
Etwa 10 Minuten unter häufigem Wenden grillen, Fisch und Gemüse öfters mit Marinade bestreichen. Mit der gehackten Petersilie bestreuen und servieren.

Dil Baliği Sarmasi

MIT PINIENKERNEN UND SPINAT GEFÜLLTE SEEZUNGEN
Für 6 Portionen

- 4 EL natives Olivenöl extra
- 50 g Pinienkerne
- 1/2 Bund Frühlingszwiebeln, nur weiße Teile, fein gehackt
- 350 g frischer Spinat (netto, nur Blätter), gehackt
- 4 Knoblauchzehen, zerdrückt
- 12 Seezungen- oder Schollenfilets (Gesamtgewicht ca. 1,4 kg)
- Salz, schwarzer Pfeffer aus der Mühle
- 3 EL Butter
- 2 TL süßer Paprika
- 1 1/2 TL türkischer roter Paprika oder scharfer Rosenpaprika
- 1 große Tomate, enthäutet, entkernt und fein gehackt
- 0,2 l trockener Weißwein
- 2 EL Zitronensaft
- 1 EL frischer Dill, fein gehackt
- 4 EL glatte Petersilie, gehackt

Olivenöl in einer großen Pfanne erhitzen, die Pinienkerne darin etwa 4 Minuten bei Mittelhitze goldbraun rösten. Frühlingszwiebeln, Spinat und Knoblauch zugeben, Hitze reduzieren und alles 5 Minuten dünsten, bis Zwiebeln und Spinat weich sind. Vom Feuer nehmen und abkühlen lassen. Filets salzen und pfeffern. Spinatmischung darauf verteilen und die Filets zusammenklappen. Beiseite stellen.
In derselben Pfanne das Butterschmalz erhitzen und süßen Paprika, türkischen Paprika, Tomaten, Weißwein und Zitronensaft einrühren, salzen und pfeffern. Die gefüllten Filets in die Pfanne setzen, mit gehacktem Dill bestreuen. Hitze reduzieren, Pfanne zudecken und etwa 8 Minuten schmoren lassen. Die Fischpäckchen vorsichtig auf vorgewärmte Teller setzen, mit der Sauce umgießen, mit Petersilie bestreuen und servieren.

~ NÄCHSTE DOPPELSEITE: Sardinen in Weinblättern vom Holzkohlengrill

Pazı Yaprağında Dil Balığı

SEEZUNGENFILETS IN MANGOLDBLÄTTERN
Für 4 Portionen

4 große Mangoldblätter
4 EL natives Olivenöl extra
3 Knoblauchzehen, zerdrückt
4 Schalotten, fein gehackt
2 mittelgroße Tomaten, enthäutet, entkernt und fein gehackt
4 EL glatte Petersilie, grob gehackt, weitere zum Garnieren
Salz, schwarzer Pfeffer aus der Mühle
8 Seezungen- oder Schollenfilets, Gesamtgewicht ca. 1,2 kg
4 EL trockener Weißwein
2 EL Zitronensaft

Backofen auf 200 °C vorheizen.
Mit einem scharfen Messer vom Mangold die weißen Stiele abschneiden. In einem großen Topf 2 l leicht gesalzenes Wasser zum Kochen bringen, die Mangoldblätter darin 3 Minuten blanchieren. Mit einem Schaumlöffel aus dem Wasser nehmen und in kaltes Wasser tauchen, damit sie nicht weitergaren. Die Blätter über den Rand eines Siebs hängen und gut abtropfen lassen, dann der Länge nach halbieren.
In einem großen Topf das Olivenöl erhitzen. Knoblauch und Schalotten einrühren und etwa 3 Minuten glasig dünsten, nicht bräunen lassen. Tomaten und Petersilie zugeben, salzen und pfeffern. 10 Minuten unter gelegentlichem Rühren köcheln lassen. Die Sauce vom Feuer nehmen und beiseite stellen.
Je 1 Filet auf 1 Mangoldblatt legen. Blatt sorgfältig um den Fisch wickeln und die Päckchen mit der Naht nach unten dicht nebeneinander in eine feuerfeste Form legen. Die Tomatensauce über den Fisch gießen, ebenso Wein und Zitronensaft. Die Form zudecken und 15 Minuten im Backofen backen.
Die Fischrollen auf gewärmten Tellern anrichten und mit der Sauce garnieren. Mit Petersilie bestreuen und servieren.

Kefal Pilakisi

MEERÄSCHE MIT GEMÜSE UND OLIVENÖL
Für 4 Portionen

Diese Methode, etwas in Olivenöl und Gemüsen zu garen, heißt Pilaki. Gerichte, die so zubereitet sind, werden oft lauwarm oder kalt serviert. Meeräsche ist ein sehr wohlschmeckender Fisch, der in türkischen Gewässern sehr häufig vorkommt. Wenn Sie keine bekommen, verwenden Sie an ihrer Stelle Seebarsch. Traditionell wird der Fisch im ganzen verwendet und dann quer zerteilt, aber Sie können auch Filets nehmen.

1,5 kg Meeräsche oder 1 kg Filets
$^1/_8$ l natives Olivenöl extra
2 kleine Zwiebeln, in feine Ringe geschnitten
4 Knoblauchzehen, fein gehackt
2 kleine Karotten, in dünne Scheiben geschnitten
1 Stange Bleichsellerie, gewürfelt
2 große Tomaten, enthäutet, in dünne Scheiben geschnitten
1 Bund glatte Petersilie, grob gehackt
2 EL frischer Dill, gehackt
4 oder 5 Lorbeerblätter, frisch oder getrocknet
$^1/_8$ l trockener Weißwein
1 EL Tomatenmark
Salz, schwarzer Pfeffer aus der Mühle
1 Zitrone, in Scheiben geschnitten

Fische schuppen und ausnehmen, Kopf abschneiden.
Unter fließendem Wasser abspülen und mit Küchenpapier trockentupfen. Quer in 3 cm breite Streifen schneiden. (Filets ebenso in Streifen schneiden.)
Öl in einer großen Pfanne erhitzen, Zwiebeln und Knoblauch darin 5 Minuten bei Mittelhitze weich dünsten, nicht bräunen lassen. Karotten, Sellerie, Tomaten, Petersilie, Dill, Lorbeerblätter und Weißwein zugeben. Tomatenmark in 1 Tasse Wasser auflösen und ebenfalls in die Pfanne geben. Hitze reduzieren, Pfanne zudecken und etwa 10 Minuten köcheln lassen.
Die Fischstücke in die Pfanne geben und mit Salz und Pfeffer würzen. Zudecken und ca. 20 Minuten schmoren lassen, bis Fisch und Gemüse gar sind. Fisch abkühlen lassen, die Filets mit Zitronenscheiben garnieren und noch warm servieren.

Barbunya Baliği Tavasi Zeytinyağli Limon Soslu

IN OLIVENÖL GEBRATENE ROTBARBE MIT ZITRONENSAUCE
Für 4 Portionen

Rotbarben gibt es an den türkischen Küsten im Überfluß. Dieser Fisch mit seinem delikaten Aroma wird gerne mit einer frischen Zitronensauce und Rucolasalat serviert. Wenn Sie keine Rotbarbe bekommen, nehmen Sie Red Snapper.

9–12 Rotbarben (ca. 1,2 kg)
Salz, schwarzer Pfeffer aus der Mühle
100 g Mehl
1/8 l leichtes Olivenöl oder Pflanzenöl
1 Zitrone, in Scheiben geschnitten

Olivenöl-Zitronen-Sauce

3 EL natives Olivenöl extra
2 EL Zitronensaft
2 EL glatte Petersilie, fein gehackt
Salz, schwarzer Pfeffer aus der Mühle

Für die Sauce Olivenöl und Zitronensaft mit Salz und Pfeffer verrühren. Gehackte Petersilie zugeben, kalt stellen. Die Fische schuppen und ausnehmen (Bauch aufschlitzen, vorsichtig Innereien und die Kiemen aus dem Kopf entfernen). Unter fließendem kaltem Wasser abspülen, mit Küchenpapier trockentupfen. Salzen und pfeffern, in Mehl wenden.

Das Olivenöl in einer großen Pfanne erhitzen und die Fische darin bei Mittelhitze auf jeder Seite etwa 3 Minuten braten, bis sie gar sind. Nicht zu eng in die Pfanne legen, wenn nötig in mehreren Gängen braten. Pfanne von Zeit zu Zeit vorsichtig schütteln, damit die Fische nicht anlegen.
Fische auf einer vorgewärmten Platte anrichten und die Zitronensauce darübergießen. Mit Zitronenscheiben garnieren und servieren.

~~~~~~~~~~~~~~~~~~~~~~~

Yeşil Zeytinli ve Kişnişli Barbunya Baliği Tavasi

ROTBARBEN MIT GRÜNEN OLIVEN UND FRISCHEM KORIANDER

Für 4 Portionen

An der türkischen Mittelmeer- und Ägäisküste kaufen die Restaurants ihren Fisch frisch an dem Tag, an dem sie zubereitet werden sollen. Rotbarben, die in den felsigen Tiefen vor der Küste leben, sind kräftig rot und stellen die beliebteste und teuerste Fischsorte dar. Sie schmecken besser als die, die in flachen, sandigen Gewässern leben und eine hellere, eher rosarote Farbe haben. Rotbarben gibt es überall in guten Fischläden und -abteilungen der Kaufhäuser. Dieses Rezept ist meine eigene Kreation.

1 kg Rotbarbenfilets
Salz, schwarzer Pfeffer aus der Mühle
60 g Mehl
$^1/_8$ l natives Olivenöl extra
1 kleine rote Zwiebel, fein gewürfelt
1 kleine grüne Paprikaschote, entkernt und fein gehackt
100 g grüne Oliven, entkernt und gehackt
2 mittelgroße Tomaten enthäutet, entkernt und fein gehackt
2 EL frische Korianderblätter, grob gehackt
0,2 l trockener Weißwein
2 EL Zitronensaft
4 EL glatte Petersilie, gehackt

Die Fischfilets salzen und pfeffern, in Mehl wenden.
In einer großen Pfanne 2 EL Öl erhitzen, die Fischfilets mit der Hautseite nach unten in die Pfanne legen und bei Mittelhitze 2–3 Minuten auf jeder Seite behutsam braten, bis sie durch sind. Die Pfanne von Zeit zu Zeit etwas schütteln, damit die Fischfilets nicht anlegen. Pfanne vom Feuer nehmen, Filets auf einer vorgewärmten Servierplatte anrichten und warm halten.
Öl aus der Pfanne abgießen und das übrige Öl erhitzen. Die roten Zwiebeln einrühren und 2 Minuten auf Mittelhitze glasig dünsten. Paprika, Oliven, Tomaten, Koriander, Weißwein und Zitronensaft einrühren, salzen und pfeffern. Die Sauce 3 Minuten köcheln lassen.
Sauce über die Fischfilets gießen, mit Petersilie bestreuen und servieren.

~ Rotbarben mit grünen Oliven und frischem Koriander
~~~~~~~~~~~~~~~~~~~~~~~

Kağitta Levrek Buğulama

SEEBARSCH MIT RAKI UND KRÄUTERN, IN PAPIER GEGART
Für 4 Portionen

Rakı, der türkische Anisschnaps, gibt diesem beliebten Gericht seine delikate Note. Allein der wunderbar aromatische Duft, der aufsteigt, wenn Sie das Pergamentpapier öffnen ...

- 4 Seebarschfilets (ca. 1 kg)
- 1 Bund Frühlingszwiebeln, nur weiße Teile, fein gehackt
- 1/2 Bund glatte Petersilie, fein gehackt
- 1 EL frischer Dill, fein gehackt
- 2 EL frische Minze, gehackt
- 2 TL süßer Paprika
- 1 TL türkischer Paprika oder scharfer Rosenpaprika
- 2 EL Butterschmalz
- 4 frische oder getrocknete Lorbeerblätter
- 2 große Tomaten, enthäutet, entkernt, in schmale Streifen geschnitten
- 2 kleine grüne Paprikaschoten, entkernt, in schmale Streifen geschnitten
- 4 EL Zitronensaft, 4 dünne Zitronenscheiben
- 4 EL natives Olivenöl extra
- 4 EL Rakı oder Ouzo
- Salz, schwarzer Pfeffer aus der Mühle

Backofen auf 200 °C vorheizen.
Pergamentpapier (ersatzweise Alufolie) in 4 Rechtecke schneiden, die groß genug sind, um die Fischfilets darin einzupacken.
In einer Schüssel Frühlingszwiebeln, Petersilie, Dill, Minze, süßen Paprika, türkischen Paprika, Salz und Pfeffer mischen.
Das Butterschmalz zerlassen, Pergamentpapier oder Folie damit bestreichen und Filets in die Mitte legen. Auf jedes Filet ein Lorbeerblatt legen und die Zwiebel-Kräuter-Mischung gleichmäßig darauf verteilen.
Tomaten, grünen Paprika und Zitronenscheibe obendrauflegen. 4 EL Zitronensaft, 4 EL Olivenöl, 4 EL Rakı und 4 EL Wasser gut mischen, jedes Filet damit beträufeln. Salzen und pfeffern.
Den oberen und unteren Rand des Pergamentpapiers über dem Fisch zusammenfassen und die beiden Papierschichten zusammenrollen (wie man eine Tüte verschließt), damit der Fisch fest eingepackt ist. Die Seitenränder wie ein Bonbonpapier zusammendrehen und unter das Filet falten. Die Oberseite der Päckchen mit Wasser befeuchten, damit das Papier gut dicht ist. Auf ein Backblech legen und etwa 25 Minuten backen.
Zum Servieren die Päckchen halb öffnen (Vorsicht, heißer Dampf!) und auf Teller plazieren.

~ Seebarsch mit Rakı und Kräutern, in Papier gegart

~~~~~~~~~~~~~~~~~~~~~~

Deniz Mahsülleri Güveci

MEERESFRÜCHTE AUS DEM TONTOPF
Für 4–6 Portionen

Dieses Gericht wird in Portionstontöpfchen serviert. Auch kleine Schüsseln für Zwiebelsuppe eignen sich dafür. Wenn Sie Muscheln kaufen, vergewissern Sie sich, daß die Muscheln fest geschlossen sind; werfen Sie alle weg, deren Schalen offen sind.

500 g Schwertfisch, in 3 cm große Würfel geschnitten
500 g Scholle oder Seezunge, in 5 cm große Stücke geschnitten
500 g Tintenfisch, geputzt, in 2 cm breite Ringe geschnitten
18 Miesmuscheln in der Schale (ca. 500 g), gebürstet und entbartet
12 mittelgroße Garnelen
4 Schalotten, fein gehackt
2 Knoblauchzehen, zerdrückt
2 frische oder getrocknete Lorbeerblätter
6 EL glatte Petersilie, fein gehackt
Petersilie zum Garnieren
4 große Tomaten, enthäutet, entkernt, gehackt
3 mittelgroße grüne Paprika, entkernt, in schmale Streifen geschnitten
1/4 l Weißwein
1/8 l natives Olivenöl extra
1/2 TL türkischer roter Paprika oder scharfer Rosenpaprika
1 TL frischer Oregano
Salz, schwarzer Pfeffer aus der Mühle
3 EL Mehl
60 g Feta, zerkrümelt

Die Tintenfische in kaltem Wasser waschen, Tentakel und Kopf entfernen, Haut von der Haube entfernen und noch einmal in kaltem Wasser waschen. Das weiße Fleisch in 2 cm breite Ringe schneiden und beiseite stellen. Garnelenschwänze ausbrechen. Mit der Spitze eines scharfen kleinen Messers den dunklen Darm unter der Haut am Rücken entfernen. Waschen und beiseite stellen. Backofen auf 180 °C vorheizen.
Die Muscheln in einen großen Topf geben. Schalotten, Lorbeerblätter, Knoblauch, Petersilie, grüne Paprika, Tomaten und Weißwein zugeben. Topf zudecken und auf großer Flamme ca. 6 Minuten kochen, bis sich die Muscheln öffnen. Gelegentlich umrühren, damit alle Muscheln einmal in den Sud kommen. Muscheln mit einem Schaumlöffel aus der Brühe nehmen. Lorbeerblätter entfernen und Brühe warm halten. Wenn die Muscheln abgekühlt sind, Fleisch aus den Schalen nehmen und beiseite stellen.
In einer großen Pfanne das Öl auf Mittelhitze bringen. Schwertfisch, Scholle, Tintenfisch, Garnelen und Muschelfleisch zugeben, türkischen roten Paprika, Oregano, Salz und Pfeffer darüberstreuen. Mit Mehl bestäuben und die warme Brühe zugeben. Alles vorsichtig vermengen, ohne daß die Fischstücke zerbrechen. Topf vom Feuer nehmen. Die Meeresfrüchte und die Brühe auf 4–6 feuerfeste Schalen verteilen. Etwa 15 Minuten im Ofen backen, bis der Fisch gar ist. Auf jedes Töpfchen zerkrümelten Feta streuen und etwa 2 Minuten unter den Grill stellen, bis der Käse geschmolzen und goldbraun ist. Mit Petersilie garnieren und servieren.

~ Meeresfrüchte aus dem Tontopf
~~~~~~~~~~~~~~~~~~~~~~

Halikarnas Karides Güveci

GARNELEN AUS DEM TONTOPF
Für 4 Portionen

Dieses Rezept ist nach dem »Fischer von Halikarnassos« benannt, womit der türkische Schriftsteller Cevat Şakir Kabaağaçlı gemeint ist.

24 große Garnelen (ca. 500 g)
4 EL natives Olivenöl extra
4 Schalotten, fein gehackt
4 Knoblauchzehen, zerdrückt
2 mittelgroße grüne Paprika, entkernt, in schmalen Streifen
3 Frühlingszwiebeln, nur weiße Teile, fein gehackt
1 TL frischer Oregano, fein gehackt
1/2 EL frischer Dill, fein gehackt
2 frische oder getrocknete Lorbeerblätter
1 EL süßer Paprika
1 TL türkischer roter Paprika oder scharfer Rosenpaprika
2 große Tomaten, enthäutet, entkernt und fein gehackt
5 EL feingehackte frische glatte Petersilie
Petersilie zum Garnieren
0,2 l Weißwein
60 g Feta, zerkrümelt
Salz, schwarzer Pfeffer aus der Mühle

Garnelenschwänze ausbrechen, mit einem scharfen kleinen Messer den dunklen Darm unter der Haut auf dem Rücken entfernen. Abspülen und beiseite stellen.
Backofen auf 180 °C vorheizen.
In einer großen Pfanne das Öl auf Mittelhitze bringen, Schalotten und Knoblauch darin ca. 3 Minuten unter ständigem Rühren glasig dünsten, nicht bräunen lassen. Grüne Paprika und Frühlingszwiebeln zugeben und weitere 2 Minuten dünsten, damit die Paprika weich werden. Garnelen, Oregano, Dill, Lorbeer, Paprika, türkischen roten Paprika, Tomaten, Petersilie und Wein zugeben. Salzen und pfeffern. Etwa 10 Minuten dünsten, gelegentlich umrühren.
Garnelen und Sauce auf 4 feuerfeste Portionstöpfchen verteilen. Ca. 10 Minuten im Ofen backen, bis alles heiß ist. Dann Feta darüberstreuen und 2 Minuten unter den Grill stellen, bis der Käse geschmolzen und goldbraun ist.
Mit Petersilie bestreuen und servieren.

Izgara Kiliç şiş Kebabi

SCHWERTFISCHSPIESS VOM HOLZKOHLENGRILL
Für 4 Portionen

Eine einfache und leckere Zubereitung von Schwertfisch: Die frisch-würzige Marinade läßt ihn auf der Zunge zergehen. Verkochen Sie den Fisch nicht – er sollte leicht rare bis medium gegessen werden. Richten Sie ihn mit Olivenöl-Zitronen-Sauce (S. 12) an, und servieren Sie Hirtensalat dazu (S. 127).

Marinade

1 kleine Zwiebel, fein geraffelt
3 Knoblauchzehen, zerdrückt
5 EL Zitronensaft
2 TL süßer Paprika
1/8 l natives Olivenöl extra
4 frische oder getrocknete Lorbeerblätter, zerrieben
Salz, schwarzer Pfeffer aus der Mühle

1 kg Schwertfisch, in 3 cm große Stücke geschnitten
2 EL glatte Petersilie, grob gehackt

Die Zutaten für die Marinade in einer Porzellanschüssel verrühren. Schwertfischstücke dazugeben und gut in der Marinade wenden. Schüssel zudecken und etwa 2 Stunden kalt stellen.
Holzkohlengrill vorbereiten, Rost mit ca. 12 cm Abstand von der Glut einhängen.
Die Schwertfischwürfel auf 4 Spieße verteilen. Ca. 8 Minuten grillen, dabei häufig wenden und mit Marinade bestreichen. Das Fleisch von den Spießen nehmen und servieren.
Variation: Zwischen die Schwertfischwürfel geviertelte Zwiebeln, Stücke von grüner Paprika, geviertelte, entkernte Tomaten und frische Lorbeerblätter stecken.

~ Schwertfischspieß vom Holzkohlengrill

TURKIYE

Pilaws

Reis ist ein wichtiger Bestandteil der türkischen Küche, und man legt dort großen Wert auf seine sorgfältige Zubereitung. Er ist Zutat für viele gefüllte Fleisch- und Gemüsegerichte, im Pilaw spielt er die Hauptrolle. Pilaws sind diese geheimnisvollen Reisgerichte, die mit Gewürzen, Nüssen und Früchten exotisch aromatisiert sind; andere, mit Fleisch, Fisch und Gemüse zubereitet, sind als Sultan Pilavı bekannt (eine Variante ist auf S. 120 beschrieben). Pilaws werden gewöhnlich als Beilage zu einem Hauptgericht aus Fleisch oder Fisch serviert, manche gehaltvolleren Pilaws wie Yufkalı Pilav (S. 117) oder Safranlı Midyeli Pilav (S. 118) ergeben mit einem Salat ein komplettes Essen. Iç Pilavı (S. 120), mit Korinthen, Pinienkernen und Kalbsleber, gibt es in der ganzen Türkei, vorwiegend zu besonderen Gelegenheiten. Acılı Bulgur Pilavı (S. 120) wird mit Bulgur gemacht, der ein nussiges Aroma hat. Im Sommer werden manche Pilaws kalt mit Joghurt serviert.

Die Zubereitung von Pilaw ist heute genauso eine Kunst, wie sie es in der Küche des Sultans war. Jeder gute Pilaw beginnt mit gutem Reis. Zuerst wird der Reis mehrmals gewaschen; dann wird er 30 Minuten eingeweicht und abgegossen. Dies macht den Reis locker und verhindert, daß die Körner zusammenkleben.

So bereitet man Reis vor:
Reis in eine Schüssel geben und 10 cm hoch mit warmem Wasser bedecken. Den Reis ein paar Sekunden lang rühren, Wasser abgießen. Mehrmals wiederholen. Dann den Reis mit heißem Wasser bedecken und etwa 30 Minuten stehen lassen. Den Reis 10 Minuten lang gut abtropfen lassen.

~~~~~~~~~~~~~~~~~~~~~~~

Nohutlu Pilav

REISPILAW MIT KICHERERBSEN
Für 4–6 Portionen

150 g Kichererbsen (Trockengewicht), gekocht
4 EL Butterschmalz
1 kleine Zwiebel, gewürfelt
300 g Langkornreis, gewaschen, eingeweicht und abgetropft
2 mittelgroße Tomaten, enthäutet, entkernt und fein gehackt
$^1/_2$ l Hühnerbrühe (S. 58) oder Wasser
Salz, schwarzer Pfeffer aus der Mühle

Kichererbsen über Nacht einweichen, abgießen und in $^3/_8$ l Wasser mit 1 TL Salz in ca. 1 Stunde weich kochen. Abgießen.
In einem mittelgroßen Topf Butterschmalz erhitzen und die Zwiebel darin bei Mittelhitze 2 Minuten unter Rühren glasig dünsten, nicht bräunen lassen. Reis zugeben und etwa 2 Minuten weiterschmoren, bis der Reis mit Butter überzogen ist. Tomaten zugeben und 1 weitere Minute unter Rühren schmoren. Brühe zugießen, salzen und pfeffern, zum Kochen bringen, dann Hitze reduzieren, Topf zudecken und 10 Minuten köcheln lassen, bis der Reis die ganze Flüssigkeit aufgenommen hat. Die Kichererbsen ca. 5 Minuten vor Ende der Kochzeit zugeben. Pilaw 5 Minuten ziehen lassen, servieren.

~~~~~~~~~~~~~~~~~~~~~~~

Peyaz Pilav

WEISSER REISPILAW
Für 4–6 Portionen

Dies ist ein einfacher Pilaw für jeden Tag, den man zu gegrillten Kebabs oder mit Gemüse geschmortem Lamm servieren kann.

4 EL Butterschmalz
300 g Langkornreis, gewaschen, eingeweicht und abgetropft
0,6 l heiße Hühnerbrühe (S. 58) oder Wasser
Salz, schwarzer Pfeffer aus der Mühle

Butterschmalz in einem Topf erhitzen, Reis zugeben und bei Mittelhitze unter Rühren 2 Minuten schmoren, bis der Reis mit Butter überzogen ist. Hühnerbrühe zugießen, salzen und pfeffern. Zum Kochen bringen, Hitze reduzieren und 15 Minuten köcheln lassen, bis der Reis die ganze Flüssigkeit aufgenommen hat.
Topf vom Feuer nehmen und den Pilaw zugedeckt 5 Minuten ziehen lassen, durchrühren und servieren.

~~~~~~~~~~~~~~~~~~~~~~~

Istanbul Pilav

REISPILAW MIT HUHN, MANDELN UND PISTAZIEN
Für 4–6 Portionen

4 EL Butterschmalz
60 g Mandeln, geschält und gehackt
60 g Pistazien, geschält und gehackt
500 g Hühnerbrust ohne Haut und Knochen, in 1,5 cm große Würfel geschnitten
0,6 l heiße Hühnerbrühe (S. 58) oder Wasser
Salz, schwarzer Pfeffer aus der Mühle
300 g Langkornreis, gewaschen, eingeweicht und abgetropft
$^1/_4$ TL Safranfäden, zerrieben und in $^1/_2$ Tasse warmem Wasser eingeweicht
1 EL frischer Dill, fein gehackt

In einer großen Pfanne 2 EL Butterschmalz erhitzen, Mandeln und Pistazien bei Mittelhitze etwa 2 Minuten leicht bräunen. Hühnerfleisch und 4 EL Brühe zugeben, salzen und pfeffern. Huhn etwa 3 Minuten lang dünsten, gelegentlich rühren, bis das Huhn von allen Seiten angekocht ist. Pfanne vom Feuer nehmen und beiseite stellen.
In einem mittelgroßen Topf das restliche Butterschmalz erhitzen, Reis einrühren und mit Butter überziehen.
Den eingeweichten Safran zugeben. Salzen und pfeffern, restliche Brühe zugießen. Zum Kochen bringen, Topf zudecken und 10 Minuten auf geringer Hitze kochen lassen.
Die Hühner-Mandel-Mischung einrühren und noch ca. 8 Minuten kochen, bis der Reis die ganze Flüssigkeit aufgenommen hat. Topf vom Feuer nehmen und Dill einrühren. Pilaw 5 Minuten zugedeckt ziehen lassen und servieren.

~ Reispilaw mit Huhn, Mandeln und Pistazien
~~~~~~~~~~~~~~~~~~~~~~~

~~~~~~~~~~~~~~~~~~~~~~

Yufkali Pilav

REISPILAW MIT GEMÜSE IN YUFKA
Für 6 Portionen

Dies ist eine sehr elegante Art, Reis zu servieren, und für besondere Gelegenheiten gut geeignet. Mit einem Salat ergibt er eine leichte Mahlzeit.

0,6 l Hühnerbrühe (S. 58) oder Wasser
1 Karotte, fein gewürfelt
80 g frische oder tiefgefrorene Erbsen (tiefgekühlte vor der Verwendung in warmem Wasser auftauen)
1 Stange Bleichsellerie, fein gewürfelt
Salz
8 EL Butterschmalz
1 kleine Zwiebel, fein gewürfelt
300 g Langkornreis, gewaschen, eingeweicht und abgetropft
1 kg Hühnerbrust ohne Haut und Knochen, in 3 cm große Würfel geschnitten
schwarzer Pfeffer aus der Mühle
4 EL frischer Dill, fein gehackt
3 EL glatte Petersilie, fein gehackt
4 EL Milch
2 Eigelb
10 Blätter Yufka- oder Fyllo-Teig

Backofen auf 200 °C vorheizen.
Karotten, Erbsen, Sellerie und Brühe in einem Topf zum Kochen bringen, Hitze reduzieren und etwa 10 Minuten köcheln lassen. Brühe abgießen und aufbewahren. Gemüse beiseite stellen.
In einem mittelgroßen Topf 3 EL Butterschmalz erhitzen und die Zwiebel unter Rühren darin glasig dünsten, nicht bräunen lassen. Reis zugeben und unter ständigem Rühren schmoren, bis er mit Butter überzogen ist. Gemüse, Huhn und Brühe zugeben. Mit Salz und Pfeffer aus der Mühle abschmecken.
Zum Kochen bringen, Topf zudecken und 15 Minuten bei geringer Hitze weiterköcheln lassen, bis der Reis die Flüssigkeit aufgenommen hat. Topf vom Feuer nehmen, Dill und Petersilie unter den Reis ziehen. Zudecken und beiseite stellen.
Das restliche Butterschmalz zerlassen und mit Milch und Eigelb vermengen. Eine ca. 35 x 35 cm große Backform mit dieser Mischung ausstreichen. Die Form mit einem Teigblatt auslegen, Teigrand auf einer Seite über den Rand der Form hängen lassen. Den Teig mit der Eimischung einpinseln. Ein zweites Teigblatt auf das erste legen, diesmal den Teigrand auf einer anderen Seite überhängen lassen. Den Fyllo-Teig weiter auf diese Weise einschichten, Eimischung zwischen jede Schicht streichen und den Teigrand reihum über den Rand der ganzen Form hängen lassen.
Den ausgekühlten Pilaw in die mit Fyllo-Teig ausgelegte Form geben. Die über den Rand hängenden Teigstücke über den Reis legen und vorsichtig festdrücken. Oberfläche mit der restlichen Eimischung bestreichen. Etwa 15 Minuten backen, Hitze auf 180 °C reduzieren und weitere 5 Minuten backen bzw. bis die Oberfläche goldbraun ist. Den Pilaw 5 Minuten stehen lassen, in Stücke schneiden und servieren.

~ Reispilaw mit Gemüse in Yufka
~~~~~~~~~~~~~~~~~~~~~~

Müceddere

REISPILAW MIT KICHERERBSEN, GRÜNEN LINSEN UND KARAMELISIERTEN ZWIEBELN
Für 4–6 Portionen

Zwiebeln geben dieser Spezialität aus der östlichen Türkei ihr wundervolles Aroma, Kichererbsen und Linsen machen sie wohlschmeckend und kräftig. Außerdem ist sie ein gutes vegetarisches Entree, das man kalt mit Joghurt servieren kann.

50 g grüne Linsen (Trockengewicht), gekocht ca. 80 g
50 g Kichererbsen (Trockengewicht), gekocht ca. 100 g
4 EL natives Olivenöl extra
3 kleine Zwiebeln, in dünne Ringe geschnitten
2 TL Zucker
Salz, schwarzer Pfeffer aus der Mühle
1 EL Zitronensaft
100 g Langkornreis, gewaschen, eingeweicht und abgetropft
50 g Graupen
2 mittelgroße Tomaten, enthäutet, entkernt und gehackt
1 EL gemahlener Kreuzkümmel
1 TL türkischer roter Paprika oder scharfer Rosenpaprika
$^1/_2$ l Hühnerbrühe oder Wasser
4 EL glatte Petersilie, grob gehackt

Kichererbsen über Nacht einweichen, abgießen und in $^1/_2$ l Wasser mit $^1/_2$ TL Salz auf geringer Hitze ca. 45 Minuten kochen. In einem anderen Topf die Linsen in $^1/_4$ l Wasser weich kochen (ca. 20 Minuten).
In einem mittelgroßen Topf das Öl erhitzen. Zwiebeln und Zucker zugeben, salzen und pfeffern. Topf zudecken und 5 Minuten lang auf Mittelhitze dünsten, bis die Zwiebeln weich sind. Deckel abnehmen, Zitronensaft unterrühren und bei starker Hitze unter ständigem Rühren bräunen.
Reis und Graupen zugeben und 2 Minuten kochen lassen. Tomaten, Linsen, Kichererbsen, Kreuzkümmel und türkischen roten Paprika dazugeben, Brühe zugießen. Topf zudecken und 20 Minuten bei geringer Hitze köcheln lassen, bis die ganze Flüssigkeit aufgenommen ist. Petersilie unterziehen und Pilaw zugedeckt 5 Minuten warmgestellt ziehen lassen, servieren.

Safranli Midyeli Pilav

REISPILAW MIT SAFRAN UND MUSCHELN
Für 4–6 Portionen

Eine ungewöhnliche Art, Miesmuscheln zuzubereiten: Der Safran färbt den Reis hellgelb, und die Muscheln kontrastieren hübsch dazu. Vergewissern Sie sich, daß die Schalen der frischen Muscheln fest geschlossen sind. Nach dem Kochen sollen sie hingegen alle offen sein.

750 g Muscheln (etwa 26 Stück), gebürstet und entbartet
0,6 l Hühnerbrühe (S. 58) oder Wasser
4 EL natives Olivenöl
1 kleine Zwiebel, gewürfelt
300 g Langkornreis, gewaschen, eingeweicht und abgetropft
2 mittelgroße Tomaten, enthäutet, entkernt und fein gehackt
$^1/_4$ TL Safranfäden, zerrieben und in $^1/_2$ Tasse warmem Wasser eingeweicht
Salz, schwarzer Pfeffer aus der Mühle
3 EL frischer Dill, fein gehackt

Muscheln und Brühe in einen großen Topf geben. Zugedeckt auf kräftigem Feuer ca. 5 Minuten unter gelegentlichem Rütteln kochen lassen, bis die Muscheln offen sind. Muscheln mit einem Schaumlöffel aus dem Topf nehmen. Wenn sie etwas abgekühlt sind, Fleisch aus den Schalen holen und beiseite stellen. Brühe durch ein feines Sieb gießen und aufbewahren.
In einem mittelgroßen Topf das Olivenöl erhitzen und die Zwiebel darin 2 Minuten unter Rühren glasig dünsten, nicht bräunen lasssen. Reis zugeben und weiterdünsten, bis der Reis mit Butter überzogen ist. Tomaten und Safran mit dem Einweichwasser zugeben.
Die Brühe zugießen, salzen und pfeffern. Zum Kochen bringen, Hitze reduzieren, Topf zudecken und ca. 10 Minuten köcheln lassen. Das Muschelfleisch vorsichtig unterrühren und weitere 10 Minuten kochen bzw. bis der Reis die ganze Flüssigkeit aufgenommen hat.
Den Topf vom Feuer nehmen. Dill unterziehen. Pilaw ca. 5 Minuten stehen lassen und servieren.

~ Reispilaw mit Safran und Muscheln

Acili Bulgur Pilavi

BULGURPILAW MIT PAPRIKA UND TOMATEN
Für 4–6 Portionen

4 EL Butterschmalz
1 große Zwiebel, gewürfelt
1 kleine grüne Paprikaschote, fein gewürfelt
300 g grober Bulgur, gewaschen und abgetropft
3 mittelgroße Tomaten, enthäutet, entkernt und fein gehackt
2 1/2 TL türkischer roter Paprika oder scharfer Rosenpaprika
0,6 l Hühnerbrühe (S. 58) oder heißes Wasser
Salz, schwarzer Pfeffer aus der Mühle
2 EL glatte Petersilie, grob gehackt

In einem mittelgroßen Topf Butterschmalz erhitzen, Zwiebel darin bei Mittelhitze 2 Minuten unter Rühren glasig dünsten, nicht bräunen lassen. Grünen Paprika, Bulgur, Tomaten, türkischen roten Paprika und Brühe zugeben, salzen und pfeffern. Zum Kochen bringen, Flamme reduzieren, Topf zudecken und 15 Minuten köcheln lassen, bis der Bulgur die ganze Flüssigkeit aufgenommen hat. Etwa 5 Minuten ziehen lassen, Petersilie unterziehen und servieren.

Iç Pilavi

Reispilaw mit Korinthen und Pinienkernen
Für 4–6 Portionen

4 EL Butterschmalz
60 g Pinienkerne
1 kleine Zwiebel, gewürfelt
125 g Lamm- oder Kalbsleber, in 1 cm große Würfel geschnitten (optional)
300 g Langkornreis, gewaschen, eingeweicht und abgetropft
40 g Korinthen
1 TL gemahlener Zimt
1 TL Zucker
0,6 l Hühnerbrühe (S. 58) oder Wasser
2 EL glatte Petersilie, fein gehackt
4 EL frischer Dill, fein gehackt
Salz, schwarzer Pfeffer aus der Mühle

Die Korinthen 20 Minuten in warmem Wasser einweichen. Abtropfen lassen und beiseite stellen.
In einem mittelgroßen Topf Butterschmalz erhitzen und darin Pinienkerne und Zwiebel bei Mittelhitze 3 Minuten unter Rühren leicht bräunen. Die Leber, falls gewünscht, dazugeben und anbraten, dann Reis, Korinthen, Zimt und Zucker zugeben, salzen und pfeffern. Brühe zugießen und zum Kochen bringen, dann Hitze reduzieren, Topf zudecken und 15 Minuten köcheln lassen, bis die Flüssigkeit aufgenommen und der Reis weich ist. Petersilie und Dill unterziehen. Den Pilaw zugedeckt 5 Minuten stehen lassen und servieren.

Sultan Pilavi

DES SULTANS REISPILAW
Für 4–6 Portionen

Dieses Gericht wurde für die Sultane im Topkapı Sarayı in Istanbul zubereitet. Zusammen mit Cacık (S. 36) kann man es als komplette Mahlzeit servieren.

2 kleine Auberginen, geschält und gewürfelt
Salz
6 EL natives Olivenöl
3 mittelgroße Tomaten, enthäutet, entkernt und gehackt
weißer Reispilaw (S. 115)
1 EL glatte Petersilie, fein gehackt

Fleischbällchen

250 g mageres Lamm- oder Rinderhackfleisch
1 Scheibe Weißbrot vom Vortag, ohne Rinde
2 Eier
1 TL gemahlener Kreuzkümmel
1 EL glatte Petersilie, fein gehackt
1/2 TL türkischer roter Paprika oder scharfer Rosenpaprika
Salz, schwarzer Pfeffer aus der Mühle
40 g Mehl

Die Auberginen in eine Schale geben und mit Salz bestreuen, mit kaltem Wasser bedecken und 20 Minuten ziehen lassen. Das Brot kurz in warmes Wasser tauchen und ausdrücken. Für die Hackmischung Fleisch, Brot, Eier, Kreuzkümmel, Petersilie und türkischen roten Paprika vermengen.

Mit Salz und Pfeffer kräftig abschmecken. Etwa 2 Minuten lang gut durcharbeiten. Schüssel zudecken und 15 Minuten kalt stellen.
24 kleine Fleischbällchen formen, mit Mehl bestäuben.
In einer großen Pfanne 2 EL des Olivenöls erhitzen und die Fleischbällchen auf großer Hitze 3 Minuten lang bräunen. Tomaten einrühren, Pfanne zudecken, Flamme reduzieren und 12 Minuten köcheln lassen. Pfanne vom Feuer nehmen.

Auberginen abspülen und abtropfen lassen, mit Küchenpapier trockentupfen. In einer separaten Pfanne das restliche Öl erhitzen und die gewürfelten Auberginen bei Mittelhitze rundum bräunen.
Den Reispilaw durchrühren und auf vorgewärmte Teller verteilen. In jede Portion eine Mulde machen und die Auberginen darin verteilen. Fleischbällchen darauf plazieren und servieren.

~ Bulgurpilaw mit Paprika und Tomaten

Salate

Gemüse stellen einen sehr wichtigen Teil der türkischen Ernährung dar, und zu den meisten Mahlzeiten gehören frische Salate, die zum Hauptgang gereicht werden. Die meisten Salate sind einfache Kreationen aus grünen Blattsalaten, Tomaten, Gurken, Paprika und was sonst die Jahreszeiten alles an Frischem bieten.

Salate mit Bohnen, Getreide und Gemüse sind oft Teil eines winterlichen Meze. Eßbare Wildkräuter wie Löwenzahn werden gedünstet und kalt mit einem Schuß Olivenöl oder Zitronensaft serviert.

Einer meiner Lieblings-Sommersalate (S. 126 links) wird mit Portulak gemacht, der große, hellgrüne, ovale Blätter und grüne Stengel hat. Portulak wächst überall in der Türkei vom frühen Sommer bis Ende August. Wilder Portulak (Portulaca oleracea) hat kleine ovale Blätter mit violetten Adern an violetten Stengeln. In der Türkei heißt die wilde Art, die auch gezüchtet wird, Pirpirim. Portulak können Sie auf Gemüsemärkten finden, ich pflanze ihn in meinem Gemüsegarten an. Die weichen, zitronigen Blätter, mit Zitrone und Olivenöl angemacht und mit Knoblauch gewürzt, sind eine köstliche Beilage zu gegrilltem Fleisch und Fisch.

Ein anderer Lieblingssalat ist mit Japanrettich gemacht, einem großen Winterrettich mit mildem Geschmack, der zusammen mit geraffelten Karotten köstlich schmeckt.

~~~~~~~~~~~~~~~~~~~~~~~~

Hindiba Salatasi

LÖWENZAHNSALAT
Für 4–6 Portionen

Dies ist einer meiner liebsten Salate im Sommer. Er ist einfach zu machen und schmeckt leicht bitter. Zu gegrilltem Fleisch, Fisch oder Huhn servieren. Löwenzahn bekommen Sie heute überall in guten Gemüsegeschäften und -märkten.

1 kg Löwenzahn
4 EL Zitronensaft
5 EL natives Olivenöl extra
Salz, schwarzer Pfeffer aus der Mühle
gemischte Oliven
Zitronenachtel

Die Löwenzahnblätter putzen, Stielansätze und braune oder welke Blätter entfernen. Gut waschen.
In einem großen Topf 2 l kaltes Wasser zum Kochen bringen. Löwenzahnblätter zugeben und etwa 8 Minuten kochen, bis sie weich sind. Die Blätter gut abtropfen lassen und ausdrücken.
Löwenzahnblätter grob hacken, in eine Schüssel geben. Zitronensaft mit Salz verrühren, dann mit Pfeffer und Olivenöl. Über den Löwenzahn gießen und gut vermengen. Schüssel zudecken und mindestens 30 Minuten kalt stellen. Mit Zitronenachteln und Oliven garnieren und gekühlt servieren.

~~~~~~~~~~~~~~~~~~~~~~~~

Kara Lahana Salatasi

GRÜNKOHLSALAT MIT JOGHURT-KNOBLAUCH-SAUCE
Für 4–6 Portionen

Dieser Salat ist eine Spezialität der türkischen Schwarzmeerregion und wird mit einer Kohlsorte zubereitet, die im Sommer reif ist. Hier wird von der Art her ähnlicher Grünkohl verwendet, was ihn zu einem interessanten Wintersalat macht.

3 EL natives Olivenöl oder Pflanzenöl
1 kleine Zwiebel, fein gehackt
100 g Langkornreis
2 mittelgroße Tomaten, enthäutet und grob gehackt
2 lange grüne Paprika, entkernt und fein gehackt
1/2 l Hühnerbrühe (S. 58) oder Wasser
1 kg Grünkohlblätter, grob gehackt
Salz, schwarzer Pfeffer aus der Mühle
1 Rezept Joghurt-Knoblauch-Sauce (S. 13)
süßer Paprika

In einem großen Topf das Olivenöl erhitzen, Zwiebel darin ca. 2 Minuten glasig dünsten. Reis, Tomaten, grüne Paprika und Wasser oder Brühe zugeben. Den kleingeschnittenen Grünkohl dazugeben, salzen und pfeffern. Topf zudecken, Hitze reduzieren und etwa 20 Minuten köcheln lassen, bis die Blätter weich sind und die ganze Flüssigkeit verdampft ist.
Den Inhalt des Topfs auf eine Servierplatte geben, zudecken und etwa 1 Stunde kalt stellen. Zum Servieren die Joghurt-Knoblauch-Sauce über den Salat geben und Paprika über die Sauce streuen. Dieses Gericht serviert man am besten gekühlt oder mit Zimmertemperatur.

~ OBEN: Löwenzahnsalat
UNTEN: Krautsalat mit Joghurt-Knoblauch-Sauce

Semizotu Salatasi

PORTULAKSALAT
Für 4–6 Portionen

Portulak gedeiht in der ganzen Türkei von Frühsommer bis Ende August. In Europa ist er teils schon im Frühling erhältlich. Servieren Sie diesen würzigen Salat zu gegrilltem Fleisch oder Fisch.

- 500 g Portulakblätter
- 2 Frühlingszwiebeln, mit grünen Teilen, gehackt
- 2 mittelgroße Tomaten, enthäutet, entkernt und gehackt
- 3 Knoblauchzehen, zerdrückt
- Salz
- 3 EL natives Olivenöl extra
- 3 EL Rotweinessig

Die Portulakblätter von den Stielen trennen, von den Stielen nur die weichen oberen Teile verwenden. Die Blätter unter fließendem kaltem Wasser waschen und gut abtropfen lassen. Mit den Frühlingszwiebeln, Tomaten und Knoblauch in eine große Schüssel geben, salzen. Essig und Olivenöl zugeben und gut vermengen. Die Schüssel zudecken, 10 Minuten kalt stellen und servieren.

Yoğurtlu Sarmisakli Semizotu Salatasi

PORTULAKSALAT MIT REIS UND JOGHURT-KNOBLAUCH-SAUCE
Für 4–6 Portionen

Dieser ungewöhnliche Salat wird im Sommer überall in der Türkei serviert. Ich mache ihn mit wildem Portulak.

- 4 EL natives Olivenöl oder Pflanzenöl
- 3 Frühlingszwiebeln, nur weiße Teile, fein gehackt
- 3 Knoblauchzehen, zerdrückt
- 500 g Portulakblätter, mit weichen oberen Teilen der Stiele
- 50 g Langkornreis
- 2 mittelgroße grüne Paprikaschoten, fein gehackt
- 2 mittelgroße Tomaten, enthäutet, entkernt und gehackt
- Salz
- 1 Rezept Joghurt-Knoblauch-Sauce

In einem mittelgroßen Topf das Öl erhitzen, Zwiebeln und Knoblauch darin 2 Minuten bei Mittelhitze glasig dünsten, nicht bräunen lassen. Portulak, Reis, grüne Paprika, Tomaten und $^1/_4$ l Wasser zugeben. Topf zudecken, zum Kochen bringen, Hitze reduzieren und zugedeckt etwa 25 Minuten köcheln lassen; gelegentlich umrühren. Die Mixtur auf eine Platte geben und mindestens 30 Minuten kalt stellen. Joghurt-Knoblauch-Sauce über den Salat geben und servieren.

Kereviz Kökü Salatasi

SELLERIESALAT
Für 4–6 Portionen

Für Wintergerichte werden viele verschiedene Wurzelgemüse verwendet. Sellerie ist mit seinem milden, delikaten Geschmack in der türkischen Küche sehr beliebt. Dieser Salat eignet sich für alles Gegrillte, Fleisch, Fisch oder Huhn.

- 1 große Sellerieknolle (etwa 700 g)
- 1 Zitrone, halbiert
- 1 Karotte, geraffelt
- 4 EL glatte Petersilie, grob gehackt
- 2 TL gemahlener Kreuzkümmel
- 4 EL Mayonnaise
- 2 EL Zitronensaft
- Salz, schwarzer Pfeffer aus der Mühle
- 2 mittelgroße Tomaten, geviertelt
- Blattsalat

Sellerie schälen, Stiel- und Wurzelansatz abschneiden, halbieren und das weiche Fleisch in der Mitte entfernen (wegwerfen). Mit der halbierten Zitrone einreiben. Sellerie zu Julienne schneiden und in eine Schüssel geben. Karotten, Petersilie, Kreuzkümmel, Mayonnaise und Zitronensaft zugeben. Mit Salz und Pfeffer abschmecken und gut vermengen. Schüssel zudecken und mindestens 30 Minuten kalt stellen. Mit Tomaten garnieren und auf einem Bett von grünem Blattsalat servieren.

Çoban Salatasi

HIRTENSALAT
Für 4–6 Portionen

Im Lauf der Jahre haben meine Gäste immer wieder nach diesem einfachen Salat gefragt. Sie wollen wissen, welches geheime Gewürz ich verwende – aber die Wahrheit ist die: Die frischen, reifen Gemüse geben ihm sein wunderbares Aroma.

4 große Tomaten, enthäutet, entkernt und grob gehackt
1 Salatgurke, geschält, entkernt und grob gehackt
2 mittelgroße grüne Paprikaschoten, entkernt und in größere Stücke geschnitten
1 kleine rote Zwiebel, gewürfelt
6 Radieschen, in feinen Scheiben (optional)
4 EL glatte Petersilie, grob gehackt
1 EL frischer Dill, grob gehackt (optional)
1 EL Minze, grob gehackt (optional)
2 TL gemahlener Sumak (optional)
2 TL türkischer roter Paprika oder scharfer Rosenpaprika (optional)
Salz
6 EL natives Olivenöl extra
4 EL Zitronensaft
Romana-Salat
gemischte Oliven
getoastetes Fladenbrot

Tomaten, Gurken, Paprika, Radieschen und Petersilie in eine Schüssel geben. Nach Wunsch Dill, Minze, Sumak und türkischen roten Paprika zugeben. Salzen. Öl und Zitronensaft darübergießen und alles gut vermengen. Schüssel zudecken und mindestens 30 Minuten kalt stellen. Auf einem Bett aus Romana-Salat anrichten und mit Oliven und getoastetem Fladenbrot servieren.

Sirkeli Patlican

AUBERGINEN MIT ESSIG UND BASILIKUM
4–6 Portionen

Dieses Gericht eignet sich als Meze oder als Beilage zu gegrilltem Fleisch oder Huhn.

3 EL Zitronensaft
Salz
700 g Auberginen (ca. 5 Stück)
4 EL Olivenöl
4 große Tomaten, enthäutet, entkernt und gehackt
2 kleine grüne Paprikaschoten, in größeren Stücken
4 EL guter Weißweinessig
3 Knoblauchzehen, zerdrückt
6 frische Basilikumblätter, grob gehackt
2 TL türkischer roter Paprika oder scharfer Rosenpaprika
Salz, schwarzer Pfeffer aus der Mühle

Zitronensaft, $^1/_8$ l Wasser und 1 EL Salz in einer Schüssel mischen. Die Auberginen schälen und in das Zitronenwasser geben, damit sie sich nicht verfärben. Aus der Schüssel nehmen und trockentupfen, in 5 cm lange und 2 cm dicke Stücke schneiden.
Auberginen, Olivenöl, Tomaten, Paprika und $^3/_8$ l Wasser in einen großen Topf geben, salzen. Topf zudecken, auf großer Hitze etwa 5 Minuten kochen, dann auf mittlere Hitze reduzieren und etwa 15 Minuten kochen, ab und zu umrühren. Wenn die Auberginen weich sind (nicht matschig werden lassen), den Topf zum Abkühlen beiseite stellen.
Inzwischen Essig, Knoblauch, Basilikum und türkischen Paprika mischen, über die abgekühlten Auberginen gießen und vorsichtig durchrühren. Salat etwa 1 Stunde kalt stellen und gekühlt servieren.

Beyaz Turp Salatasi

JAPANRETTICHSALAT
Für 4–6 Portionen

Dieser Salat ist in der Türkei ein beliebtes Wintergericht. Er paßt sehr gut zu gegrilltem Fleisch oder Fisch.

1 kg Japanrettich, geschält und grob geraffelt
2 Karotten, geschält und fein geraffelt
4 Knoblauchzehen, zerdrückt
3 EL natives Olivenöl extra
4 EL Weißweinessig
2 EL glatte Petersilie, grob gehackt
Salz, schwarzer Pfeffer aus der Mühle

Alle Zutaten in eine Schüssel geben und mit Salz und Pfeffer abschmecken. Gut vermengen, Schüssel zudecken und mindestens 15 Minuten kalt stellen. Gekühlt oder zimmerwarm servieren.

Fasülye Piyazi

SALAT AUS WEISSEN BOHNEN
Für 4–6 Portionen

Dieser Salat ist wunderbar für ein sommerliches Picknick geeignet; er hält sich im Kühlschrank gut einige Tage. Der Essig kann durch Zitronensaft ersetzt werden.

500 g große weiße Bohnen, über Nacht eingeweicht
1 kleine rote Zwiebel, in feinen Scheiben
2 kleine italienische Paprika, in dünnen Streifen
100 g schwarze Oliven, entkernt und gehackt
1 EL frische Minze, grob gehackt
4 EL glatte Petersilie, grob gehackt
$\frac{1}{8}$ l Rotweinessig
2 EL Zitronensaft
$\frac{1}{4}$ l natives Olivenöl extra
Salz, schwarzer Pfeffer aus der Mühle
2 Tomaten, geviertelt
gemischter Blattsalat

Die Bohnen abtropfen lassen. In einem großen Topf die Bohnen 2 cm hoch mit Wasser bedecken und etwa 1 Stunde kochen; nicht ganz weich garen. Beiseite stellen.
Bohnen, Zwiebel, Paprika, Oliven, Minze, Petersilie, Essig, Zitronensaft und Öl in eine große Schüssel geben. Mit Salz und Pfeffer abschmecken und gut vermengen. Schüssel zudecken und mindestens 30 Minuten kalt stellen. Mit den Tomaten garnieren und auf einem Bett von Blattsalat servieren.

~ RECHTS OBEN: Hirtensalat (S. 127)
LINKS OBEN: Japanrettichsalat
UNTEN: Salat aus gegrillten Auberginen (S. 21)

Kisir

BULGURSALAT
Für 4–6 Portionen

Dieser leichte Salat aus Bulgur – also Weizenschrot – stammt aus den mediterranen Teilen der Türkei, und seine Zutaten variieren von Ort zu Ort. Manchmal wird Granatapfelsaft oder der Saft unreifer Trauben (Verjus) statt Zitronensaft verwendet.

- 300 g feiner Bulgur
- 2 mittelgroße Tomaten, enthäutet, entkernt und fein gehackt
- 2 Frühlingszwiebeln, mit grünen Teilen, fein gehackt
- 1 Bund glatte Petersilie, fein gehackt
- 1 kleiner grüner Paprika, fein gewürfelt
- 1 kleine Gurke, geschält, entkernt und fein gewürfelt
- 6 EL frische Minze, fein gehackt, etwas Minze zum Garnieren
- 6 EL Zitronensaft
- 8 EL natives Olivenöl extra
- Salz, schwarzer Pfeffer aus der Mühle
- 2 TL türkischer roter Paprika oder scharfer Rosenpaprika
- Romana-Salat
- Fladenbrot
- Zitronenachtel

Bulgur in eine große Schüssel geben und nach und nach 3/8 l kochendes Wasser darübergießen; immer nur soviel, daß der Bulgur nicht flüssig wird. Schüssel zudecken und 20 Minuten stehen lassen, bis das ganze Wasser aufgenommen ist. Ein paarmal mit einem Holzlöffel umrühren und mit den Fingern auflockern.
Tomaten, Frühlingszwiebeln, Petersilie, grüner Paprika, Gurke und Minze zum Bulgur geben und vermischen. Zitronensaft und Olivenöl unterrühren. Mit Salz, Pfeffer und dem türkischen Paprika abschmecken. Schüssel zudecken und mindestens 30 Minuten kalt stellen.
Salat auf einem Bett Romana-Salat anrichten. Mit frischer Minze garnieren, mit Fladenbrot und Zitronenachteln servieren.

Cevizli Bulgur Salatasi

BULGURSALAT MIT WALNÜSSEN
Für 4–6 Portionen

Dieses Rezept mit Nüssen und Kräutern stammt aus der Osttürkei. Das Tahin macht den Salat etwas klebrig – Sie können es weglassen, wenn Sie eine leichtere Konsistenz bevorzugen.

- 300 g feiner Bulgur
- 125 g Walnüsse
- 1 Tasse Tahin (S. 11)
- 2 mittelgroße Tomaten, enthäutet, entkernt und fein gewürfelt
- 2 Frühlingszwiebeln, mit grünen Teilen, fein gehackt
- 1/2 Bund glatte Petersilie, fein gehackt
- 6 EL frische Minze, fein gehackt
- 2 EL frisches Basilikum, fein gehackt
- 1/2 TL türkischer roter Paprika oder scharfer Rosenpaprika
- 6 EL Zitronensaft
- 8 EL natives Olivenöl extra
- Salz, schwarzer Pfeffer aus der Mühle
- Romana-Salat
- Zitronenachtel
- Fladenbrot

Bulgur in eine große Schüssel geben und nach und nach 3/8 l kochendes Wasser darübergießen; immer nur soviel, daß der Bulgur nicht flüssig wird. Schüssel zudecken und 20 Minuten stehen lassen, bis das ganze Wasser aufgenommen ist. Ein paarmal mit einem Holzlöffel umrühren und mit den Fingern auflockern.
Inzwischen die Walnüsse in einem Mörser zu einer Paste verarbeiten. Diese Paste mit dem Tahin mischen, beiseite stellen.
Tomaten, Zwiebeln, Petersilie, Minze, Basilikum, türkischen roten Paprika, Zitronensaft und Öl zum Bulgur geben, ebenso die Walnuß-Tahin-Mischung, gut vermischen. Schüssel zudecken und 15 Minuten kalt stellen.
Servieren Sie den Salat auf einem Bett aus Romana-Salat mit Zitronenachteln und Fladenbrot.

~ Bulgursalat mit Walnüssen

Mercimek Piyazi

SALAT VON GRÜNEN LINSEN
Für 4–6 Portionen

300 g grüne Linsen, über Nacht eingeweicht und abgetropft
1 Bund Frühlingszwiebeln, mit grünen Teilen, fein gehackt
2 mittelgroße Tomaten, enthäutet, entkernt und fein gewürfelt
2 Knoblauchzehen, zerdrückt
8 EL glatte Petersilie, grob gehackt
4 EL frische Minze, fein gehackt
1 1/2 TL gemahlener Kreuzkümmel
1/2 TL roter türkischer Paprika oder scharfer Rosenpaprika
4 EL natives Olivenöl extra
2 EL Weißweinessig
2 EL Zitronensaft
Salz, schwarzer Pfeffer aus der Mühle
Romana-Salat
getoastetes Fladenbrot

Die Linsen in einem mittelgroßen Topf mit 1,5 l Wasser zugedeckt ca. 35 Minuten köcheln lassen, bis sie weich sind. Falls nötig, etwas Wasser zugießen, um die Kochzeit zu verlängern. Nicht zu lange kochen, sonst werden sie matschig.
Die Linsen in eine große Schüssel geben. Alle übrigen Zutaten zugeben, mit Salz und Pfeffer abschmecken und gut vermengen. Zudecken und mindestens 15 Minuten kalt stellen. Auf einem Bett aus Romana-Salat anrichten und mit getoastetem Fladenbrot servieren.

Nohut Piyazi

KICHERERBSENSALAT
Für 4–6 Portionen

200 g Kichererbsen, eingeweicht und gekocht, oder 400 g aus der Dose, abgetropft
1 kleine rote Zwiebel, fein gewürfelt
2 mittelgroße Tomaten, enthäutet, entkernt und fein gewürfelt
2 Knoblauchzehen, zerdrückt
1/2 Bund glatte Petersilie, fein gehackt
1/2 TL türkischer roter Paprika oder scharfer Rosenpaprika
2 TL gemahlener Kreuzkümmel
2 TL süßer Paprika
4 EL Zitronensaft
5 EL natives Olivenöl extra
Salz, schwarzer Pfeffer aus der Mühle
Romana-Salat
getoastetes Fladenbrot

Wenn Sie trockene Kichererbsen verwenden, kochen Sie sie mit 2 l Wasser und 2 TL Salz auf kleiner Flamme in ca. 1 1/2 Stunden weich. Wasser zugeben, wenn es zu schnell verdampft. Gut abtropfen lassen.
Die Kichererbsen mit Zwiebel, Tomaten und Gewürzen in eine Schüssel geben, Zitronensaft und Olivenöl darübergießen, mit Salz und Pfeffer abschmecken und gut vermengen. Schüssel zudecken und mindestens 30 Minuten kalt stellen. Die Mischung auf einem Bett aus Romana-Salat anrichten und mit getoastetem Fladenbrot servieren.

~ Salat von grünen Linsen

Desserts, Kompotte, Getränke

Baklava und Kadayif, diese überaus süßen, knusprigen, mit Nüssen üppig gefüllten Mehlspeisen, sind die beliebtesten und in aller Welt bekannten Desserts des Mittleren Ostens. Es gibt eine ganze Palette von Zubereitungsarten, unser Rezept aus dem »Sultan's Kitchen« ist berühmt für seine Leichtigkeit – süß, ohne massiv klebrig zu sein. Die berühmtesten Baklava kommen aus der südöstlichen Türkei, aus Gaziantep und Urfa. Sie verdanken ihren Ruf der großen Sorgfalt, mit der sie zubereitet werden, von der Herstellung des hauchdünnen Yufka-Teigs bis hin zur Auswahl und zum Mahlen der Nüsse.

Bei den meisten türkischen Rezepten können Sie normale Butter statt geklärter verwenden. Bei Süßspeisen sollten Sie jedoch geklärte Butter (Butterschmalz) verwenden – sie halten sich dadurch bei Zimmerwärme länger.

Die türkische Küche hat aber mehr Desserts zu bieten als nur Baklava, etwa köstliche Kuchen, die mit Käse gemacht werden. Süzme Yoğurt Tatlısı (S. 144) ist ein leichtes Dessert aus Joghurt. Peynir Tatlısı (S. 144) wird mit Feta gemacht, den man über Nacht einweicht, um ihm das Salz zu entziehen.

Köstliche cremige Puddinge gehören zur türkischen Mahlzeit, und überall in der Türkei sieht man sie, mit Nüssen und Früchten dekoriert, in Konditoreien ausgestellt. Pudding kann mit Rosenwasser, Vanille oder Mastix – dem aromatischen Harz des Mastixstrauches – gewürzt werden.

Als Dickungsmittel ist in meinen Rezepten Stärkemehl angegeben, in der Türkei verwendet man jedoch Sübye, für das Reis in Milch gekocht und noch warm zermahlen wird. Sie können auch Reisstärke nehmen.

Bei der großen Menge von Früchten, die in den langen heißen Sommern in der Türkei gedeihen, ist es nicht verwunderlich, daß Feigen, Melonen und Trauben ebenso wie Zitrusfrüchte seit der Antike ein begehrter Bestandteil der Küche sind. Ein schlichtes gewürztes Fruchtkompott ist ein typischer Abschluß eines großen Essens, und in vielen Haushalten sind in den Speisekammern große Gefäße mit eingemachten Früchten zu finden. Rosinenkompott wird zum Hauptgang serviert oder zu Pilaws gegessen.

Viele türkische Getränke gibt es nur in der Türkei. Ayran wird aus Joghurt gemacht und stellt einen guten Ausgleich zum kräftig gewürzten Essen dar. Fruchtgetränke wie Vişne Şerbeti aus Sauerkirschen (S. 151) werden zu den Mahlzeiten oder nachmittags als Durstlöscher serviert.

Die meisten Türken beginnen ihren Tag mit einem Glas heißem Tee, aber sie genießen auch ihren Kaffee, dampfend heiß und stark. Für die Zubereitung von Kaffee verwendet man ein spezielles Gefäß namens Cezve, für den Tee ein Çaydanlık. Beides ist in türkischen Geschäften zu haben und gibt dem Finale eines köstlichen türkischen Essens einen authentischen Touch.

~~~~~~~~~~~~~~~~~~~~~~~~

Baklava Hamuru

BAKLAVA-TEIG
Ergibt 20 Teigblätter

Sie können mit gekauftem Yufka-Teig sehr gutes Baklava machen, aber hausgemachter Teig ist feuchter, und Ihr Gebäck wird damit knuspriger. Hausgemachte Teigblätter sind nicht so dünn wie der maschinengewalzte Teig, sie schrumpfen auch etwas stärker. Um den Teig richtig ausrollen zu können, brauchen Sie eine 80 cm lange Oklava mit 2 cm Durchmesser, die Sie sich aus einem Besenstiel machen können.

250 g Mehl
4 Eier, zimmerwarm
3/8 l Wasser, zimmerwarm (gut 20 °C)
4 EL natives Olivenöl
2 EL Salz
Stärkemehl (Maisstärke) zum Bestäuben

Das Mehl mit dem Salz durchsieben und auf eine Arbeitsfläche, vorzugsweise Holz, geben. Eine Mulde in die Mitte machen und Eier, Olivenöl und Wasser hineingeben. Alles langsam zu einem Teig vermischen. Den Teig kneten, dabei ab und zu Hände und Teig mit Stärkemehl bestäuben, damit der Teig nicht klebenbleibt.
Den Teig kneten: Dazu mit beiden Handballen flachdrücken und nach vorn schieben, um ihn zu dehnen, dann zu sich zurückholen und dabei drehen. Zwischendurch leicht mit Stärkemehl bestäuben. So etwa 2 Minuten kneten, dann zu einer Rolle formen, an beiden Enden fassen und auf ca. 60 cm Länge auseinanderziehen. Mit einem feuchten Tuch zudecken und 15 Minuten ruhen lassen.
Diesen Vorgang noch zweimal durchführen: 2 Minuten kneten, strecken und den Teig 15 Minuten unter einem feuchten Tuch ruhen lassen.
Den Teig auf eine mit Stärkemehl bestäubte Fläche geben. An beiden Enden fassen und wieder auf 60 cm Länge auseinanderziehen. In 20 gleich große Stücke schneiden.
Jedes Stück Teig vorsichtig mit dem Handballen flachdrücken, leicht mit Stärke bestäuben. Die Teigstücke ausbreiten, so daß sie einander nicht berühren, und mit einem feuchten Tuch abdecken.
Die Teigstücke mit einem normalen Nudelholz zu einer runden Fläche von 15 cm Durchmesser ausrollen, beide Seiten mit Stärkemehl bestäuben. In 2 Stapeln zu je 10 aufschichten und 30 Minuten unter einem feuchten Tuch ruhen lassen.
Die Oklava in die Mitte des Teigs drücken, zum entfernten Rand von sich weg rollen und dann zum nahen Rand, nach einigen Malen den Teig mit einer raschen Bewegung ein Stück drehen. Jedes Teigstück zu einem 40 x 60 cm großen, papierdünnen Blatt ausrollen. Dieser Teig hält gut zusammen. Wenn Sie ihn noch stärker ausziehen wollen und sich diese Technik zutrauen, können Sie ihn senkrecht am oberen Rand halten und langsam drehen, während Sie vorsichtig am Rand ziehen. Dehnen Sie den Teig so weit aus, bis er fast durchsichtig ist.
Damit der Teig nach dem Ausrollen nicht trocken wird, leicht mit Stärkemehl bestäuben und mit einem feuchten Tuch abdecken.
Jetzt können Sie zur Bereitung der Baklava schreiten (nächste Seite).
~~~~~~~~~~~~~~~~~~~~~~~~

~~~~~~~~~~~~~~~~~~~~~~~~

Baklava

Ergibt 48 Stück

Meine Baklava ist sehr leicht und knusprig und hat ein weiches, nußreiches Inneres. Baklava wird traditionell in einem runden Backblech gebacken und in Rauten geschnitten. Wenn Sie die Teigschichten vor dem Backen bis zur halben Tiefe einschneiden, dann wölben sich die oberen Teigblätter beim Backen schön auf.

Sirup
800 g Zucker
0,6 l kaltes Wasser
2 EL Zitronensaft

400 g Walnüsse, einige zum Bestreuen
2 EL Zucker
350 g Butterschmalz
40–45 Blätter Yufka- oder Fyllo-Teig
Pistazien, fein gehackt (optional)

Backofen auf 200 °C vorheizen.
Für den Sirup das kalte Wasser mit dem Zucker in einem mittelgroßen Topf 5 Minuten sprudelnd kochen, dann Hitze reduzieren und offen 15 Minuten simmern lassen. Der Sirup ist fertig, wenn er gelb und ein kleiner Löffel voll, auf eine Holzfläche getropft und abgekühlt, klebrig-zäh ist. Zitronensaft in den Sirup rühren und abkühlen lassen.
Walnüsse und Zucker in einen Mixer geben und mittelfein mahlen.
Eine 35 x 45 cm große Backform ganz mit etwas zerlassenem Butterschmalz auspinseln. 1 Teigblatt in die Form legen, mit einem breiten Pinsel dünn mit Butterschmalz bestreichen. Den Teig gegebenenfalls so zuschneiden, daß er gut in die Form paßt. Schicht für Schicht den Teig einlegen, jede mit zerlassenem Butterschmalz bestreichen, bis die Hälfte des Teigs aufgebraucht ist.
Die Walnüsse über den Teig verteilen und leicht mit Wasser besprühen – am besten mit einer Spritzflasche –, damit der Teig an den Walnüssen klebt, wenn Sie die nächste Schicht darauflegen. Die zweite Hälfte Fyllo-Teig Schicht für Schicht über die Walnüsse geben, jede mit Butterschmalz bestreichen, ebenso die oberste Schicht.
Ein scharfes Messer in heißes Wasser tauchen und die Teigschichten bis zur halben Höhe einschneiden (für 48 Stück 3mal längs und 11mal quer; für dreieckige Stücke machen Sie quer 5 Schnitte statt 11 und schneiden dann diagonal über jedes Rechteck. Für Rauten schneiden Sie erst längs, dann dazu in einem Winkel von ca. 60°).
Die Baklava auf der mittleren Schiene 30 Minuten bei 180 °C backen. Dann Hitze auf 160 °C reduzieren und weitere 30 Minuten backen, bis die Oberfläche goldbraun ist.
Die Baklava aus dem Ofen nehmen und 10 Minuten bei Zimmerwärme stehen lassen. Das Gebäck entlang der vorhandenen Schnittlinien ganz durchschneiden und den Sirup gleichmäßig entlang der Schnittlinien darübergießen.
Die Baklava nach Belieben mit Walnüssen oder Pistazien bestreuen und ganz auskühlen lassen. Zimmerwarm servieren.
Baklava hält sich an einem kühlen, trockenen Ort bis zu einer Woche.

~~~~~~~~~~~~~~~~~~~~~~~~

Yeşil Fıstıklı Revani

PISTAZIEN-GRIESS-KUCHEN
Ergibt 16 Stück

Dieses Rezept verlangt Vanillekristalle, die ein viel intensiveres Aroma haben als Vanilleextrakt (den Sie verwenden, wenn Sie die Kristalle nicht bekommen).

Sirup
750 g Zucker
3/4 l kaltes Wasser
2 EL Zitronensaft

100 g Mehl, Mehl zum Bestäuben
8 mittelgroße Eier, zimmerwarm, getrennt
30 g Zucker
1/2 TL Vanillekristalle oder 1 TL Vanilleextrakt
2 TL Zitronenschale, abgerieben
Salz
200 g feiner Grieß
50 g Pistazien, fein gemahlen
1 Rezept Kaymak (S. 146) oder Beerenfrüchte

Backofen auf 180 °C vorheizen.
Für den Sirup Wasser und Zucker 5 Minuten lang sprudelnd kochen, Hitze reduzieren und ohne Deckel 15 Minuten köcheln lassen. Den Zitronensaft einrühren und auskühlen lassen.
Eine 25 x 40 cm große und 5 cm hohe Backform mit Butter auspinseln und mit Mehl bestäuben. Bis zur Verwendung in den Kühlschrank stellen.
In einer großen Schüssel Eigelb mit Zucker, Vanille und Zitronenschale schaumig rühren. Grieß, Mehl und Pistazien unterheben. Mit einem Handmixer oder Schneebesen das Eiweiß mit einer Prise Salz steifschlagen (ca. 3–4 Minuten). Das Eiweiß unter den Teig heben. Die Mischung in die Backform geben und gleichmäßig verteilen. Den Kuchen auf der Mittelschiene ca. 35 Minuten backen, bis er goldbraun ist.
Den heißen Kuchen in Scheiben schneiden und mit dem abgekühlten Sirup begießen. Mehrere Stunden kalt stellen. Gekühlt mit Schlagsahne, Kaymak oder frischen Beeren servieren.

~ VORNE: Kadayıf mit Walnüssen (S. 140)
LINKS: Kadayıf mit Käsefüllung (S. 140)
HINTEN: Baklava (S. 137)
RECHTS: Nachtigallennester (S. 141)

~~~~~~~~~~~~~~~~~~~~~~

Tel Kadayif

KADAYIF MIT WALNÜSSEN
Ergibt 20 Stück

Das war mein Lieblingsdessert, als ich noch ein Kind war. Ein guter Freund der Familie versorgte uns mit den Teigfäden, die Tel Kadayıf genannt werden. Das knusprige, lockere Gebäck, das daraus entsteht, ist eine leichtere Alternative zu Baklava. Man kann es mit Walnüssen oder einer Käsefüllung machen. Kadayıf-Teigfäden bekommt man in türkischen oder griechischen Geschäften.

Sirup
750 g Zucker
3/4 l kaltes Wasser
2 EL Zitronensaft

500 g Kadayıf-Teigfäden
250 g Walnüsse
1 EL Zucker
175 g Butterschmalz
gemahlene Pistazien
1 Rezept Kaymak (S. 146) oder Schlagsahne

Den Backofen auf 200 °C vorheizen.
Für den Sirup Wasser und Zucker 5 Minuten sprudelnd kochen, dann Hitze reduzieren und offen 15 Minuten köcheln lassen. Der Sirup ist fertig, wenn er gelb und ein kleiner Löffel voll, auf eine Holzfläche getropft und abgekühlt, klebrig-zäh ist. Zitronensaft unterrühren und Sirup abkühlen lassen.
Walnüsse und Zucker in einem Mixer mittelfein mahlen. Eine 25 x 40 cm große und 5 cm hohe Backform mit zerlassenem Butterschmalz ausstreichen. Den Teig halbieren, indem Sie ihn hochhalten und auseinanderziehen. Die Hälfte des Teigs gleichmäßig in der Form verteilen. Mit einem breiten Pinsel die Hälfte des restlichen Butterfetts über den Teig verteilen.
Die Walnüsse über den Teig verteilen, leicht festdrücken. Den Teig mit Wasser besprühen – am besten mit einer Spritzflasche –, damit die Teigschicht klebenbleibt, die auf die Walnüsse gelegt wird. Die zweite Hälfte des Teigs über die Walnüsse breiten und vorsichtig festdrücken. Das restliche Butterschmalz über den Teig träufeln.
Den Teig auf der Mittelschiene goldbraun backen (ca. 35 Minuten). Aus dem Ofen nehmen und sofort mit abgekühltem Sirup begießen. Die Form zudecken und das Gebäck auf Zimmertemperatur abkühlen lassen. Nach Belieben mit gemahlenen Walnüssen oder Pistazien bestreuen. In Vierecke schneiden und mit Kaymak oder Schlagsahne servieren.

~~~~~~~~~~~~~~~~~~~~~~

Künefe

KADAYIF MIT KÄSEFÜLLUNG
Ergibt 20 Stück

Künefe ist Kadayıf mit Käse- anstatt Walnußfüllung. In der Türkei verwendet man dazu einen Lor genannten Käse, der aus den festen Bestandteilen gekochter Milch hergestellt wird, die man sauer werden läßt.
Wenn Feta verwendet wird, muß er über Nacht eingeweicht werden, um ihm das Salz zu entziehen. Statt dessen kann man auch Ricotta verwenden.

1 kg guter Feta oder Ricotta
1/8 l Milch
1/8 l Sahne
4 EL Rosenwasser
200 g Pistazien, fein gemahlen

Den Käse in 2 cm große Würfel schneiden und etwa 2 Stunden in heißem Wasser weichen lassen. Wasser mehrmals wechseln. Den eingeweichten Käse über Nacht kalt stellen, um ihm das Salz zu entziehen.
Käse, Milch und Sahne gut vermischen.
Die Hälfte des Kadayıf in die Backform geben und mit Butterschmalz beträufeln, Künefe gleichmäßig darauf verteilen. Weiteres Verfahren wie für Tel Kadayıf (S. 140). Aus dem Ofen nehmen, sofort mit Rosenwasser und Sirup (wie für Tel Kadayıf) begießen und mit gemahlenen Pistazien bestreuen. Warm oder heiß servieren.

~~~~~~~~~~~~~~~~~~~~~~~

Bülbül Yuvasi

NACHTIGALLENNESTER
Ergibt 20–22 Stück

Nachtigallennester bestehen aus einem dünnen Blatt Yufka-Teig, das um eine 6 mm dicke Oklava gerollt, dann zusammengeschoben und zu einer Schnecke aufgerollt wird, die an eine Zimtschnecke erinnert. In Baumärkten sind geeignete Rundhölzer zu bekommen, es genügt ein 50 cm langes Stück.

Sirup
500 g Zucker
3/8 l kaltes Wasser
1 EL Zitronensaft

1 Paket Yufka-Teig (20–22 Blätter)
350 g Walnüsse
1 EL Zucker
300 g Butterschmalz
100 g Pistazien, fein gemahlen
100 g Walnüsse, fein gemahlen (optional)

Backofen auf 200 °C vorheizen, ein Backblech mit Butterschmalz einfetten.
Für den Sirup Wasser und Zucker 3 Minuten sprudelnd kochen, dann Hitze reduzieren und ohne Deckel 10 Minuten köcheln lassen. Den Zitronensaft unterrühren, auskühlen lassen.
Walnüsse und Zucker in einen Mixer geben und mittelfein mahlen.
Eine 35 x 45 cm große und 3 cm hohe Backform dünn mit zerlassenem Butterschmalz ausstreichen. Ein Teigblatt so auf die Arbeitsfläche legen, daß Sie die Schmalseite vor sich haben. Den Teig, den Sie nicht gerade bearbeiten, mit einem feuchten Tuch zudecken, damit er nicht austrocknet.
2 EL Walnußfüllung in einem 1 cm breiten Streifen – 1,5 cm von dem Ihnen zugewandten Teigrand entfernt – über die ganze Breite des Teigblatts verteilen. Teigblatt mit Butterschmalz bestreichen.
Die Oklava auf den Ihnen zugewandten Teigrand drücken und das ganze Teigblatt auf die Oklava rollen. Den Teig leicht mit Wasser besprühen (mit einer Spritzflasche), damit er geschmeidig bleibt, und vorsichtig von beiden Seiten zur Mitte hin zusammenschieben, bis er etwa 20 cm lang ist.

Die Oklava vorsichtig aus dem Teig ziehen und die »Teigröhre« schneckenförmig aufrollen.
Die anderen Teigblätter ebenso verarbeiten, die »Vogelnester« auf das gefettete Backblech setzen.
Die Nester ca. 25 Minuten backen, bis sie hell-goldbraun sind. Aus dem Ofen nehmen. Das Blech schräg halten, damit überschüssige Butter abläuft.
Den kalten Sirup über die Nester gießen, zudecken und bei Zimmertemperatur ganz auskühlen lassen. Vor dem Servieren die Mitte jedes Nests mit Pistazien und gegebenenfalls mit Walnüssen bestreuen. Kalt servieren.
~~~~~~~~~~~~~~~~~~~~~~~

~~~~~~~~~~~~~~~~~~~~~

Tulumba Tatlisi

SPRITZKUCHEN IN SIRUP
Ergibt 36 Stück

Dieses köstliche Gebäck wird mit einem Spritzbeutel geformt, so daß es wie goldene Finger aussieht. Durch das Einlegen in Sirup wird es sehr süß.

Sirup

0,6 l kaltes Wasser
500 g Zucker
1 EL Zitronensaft

1/4 l Wasser, zimmerwarm (ca. 20 °C)
2 EL Zucker
1 TL Salz
200 g Mehl
100 g grober Grieß
4 EL Butterschmalz
4 EL Stärkemehl
3 Eier, zimmerwarm
2 l leichtes Olivenöl oder Pflanzenöl
4 EL Pflanzenöl

Für den Sirup Wasser und Zucker 5 Minuten sprudelnd kochen, dann Hitze reduzieren und ohne Deckel 15 Minuten köcheln lassen. Der Sirup ist fertig, wenn er gelb ist und ein kleiner Löffel voll, auf eine Holzfläche getropft und abgekühlt, klebrig-zäh ist. Zitronensaft unterrühren, zum Auskühlen beiseite stellen.
Für den Teig 1/4 l Wasser mit Zucker und Salz in einem Topf zum Kochen bringen, Hitze reduzieren, Mehl und Grieß rasch mit einem Holzlöffel unterrühren, ca. 2 Minuten kochen lassen.
Die Mixtur in eine große Schüssel geben und 15 Minuten abkühlen lassen. Butter zugeben und vollständig unterrühren, dann Stärkemehl untermischen. Zuletzt die Eier dazugeben, und zwar eines nach dem andern vollständig untermischen.
Das Olivenöl in einem großen Topf auf 45 °C bringen. Die Kontrolle der Temperatur durch ein Thermometer ist hilfreich. (Der Teig darf nicht in heißes Fett gegeben werden, da er sonst nicht gar wird.)
4 EL Pflanzenöl in eine kleine Schüssel geben. Damit ölen Sie ihre Finger ein, damit der Teig nicht klebenbleibt.
Für das Gebäck einen großen Spritzbeutel mit einer Sterntülle vorbereiten und mit dem Teig füllen. Jeweils 4–5 cm Teig ausdrücken, mit der geölten Hand den Teig abbrechen und in das warme Olivenöl fallen lassen. Nicht zu viele Teigstücke auf einmal in das Öl geben. Temperatur auf Mittelhitze bringen, Teigstücke ca. 20 Minuten backen, bis sie goldbraun sind. Das Gebäck mit einem Schaumlöffel aus dem Topf nehmen, in einem Sieb abtropfen lassen, dann für 30 Minuten in den kalten Sirup legen.
Gebäck mit einem Schaumlöffel aus dem Sirup nehmen und kalt servieren.

~~~~~~~~~~~~~~~~~~~~~

Zerde

SAFRANPUDDING
Für 6 Portionen

Dieser mit Safran leuchtend gelb gefärbte Pudding wird traditionell bei Hochzeiten und an Feiertagen serviert.

1/2 TL Safran
75 g Rundkornreis
250 g Zucker
6 EL Rosenwasser
3 EL Stärkemehl
1 EL Korinthen
1 EL Pinienkerne
1 EL Granatapfelkerne mit Fruchtfleisch
1 EL Pistazien, gemahlen

Den Safran 20 Minuten in 1/2 Tasse heißem Wasser einweichen. Korinthen ca. 15 Minuten in warmem Wasser einweichen, abtropfen lassen.
Inzwischen Reis mit 1 l Wasser in einem mittelgroßen Topf etwa 25 Minuten köcheln lassen. Safran mit dem Einweichwasser, Zucker, Rosenwasser und Stärkemehl zugeben. Gut durchrühren und etwa 4 Minuten köcheln lassen, bis der Pudding dick ist.
Den Pudding in Portionsschalen verteilen und mit Korinthen, Pinienkernen, Granatapfelkernen und Pistazien bestreuen. Den Pudding auf Zimmerwärme abkühlen lassen, dann mindestens 30 Minuten kalt stellen. Kalt servieren.

~ Safranpudding

Süzme Yoğurt Tatlisi

JOGHURTKUCHEN
Für 12 Portionen

Sirup

750 g Zucker
0,6 l kaltes Wasser
2 EL Zitronensaft

8 Eier, zimmerwarm, getrennt
125 g Zucker
2 TL Zitronenschale, abgerieben
200 g feiner Grieß
90 g Mehl, außerdem Mehl zum Bestäuben
3 TL Backpulver
½ l Süzme Yoğurt (S. 11), zimmerwarm
1 Prise Salz
50 g Pistazien, fein gemahlen
Kaymak (S. 146), Schlagsahne oder frische Beerenfrüchte

Backofen auf 180 °C vorheizen.
Für den Sirup Wasser und Zucker 3 Minuten sprudelnd kochen, dann Hitze reduzieren und offen etwa 15 Minuten köcheln lassen. Zitronensaft einrühren und Sirup auskühlen lassen.
Eine 25 x 40 cm große und 5 cm tiefe Backform mit Butter ausfetten und mit Mehl bestäuben. Form bis zur Verwendung in den Kühlschrank stellen.
Eigelb mit Zucker und geriebener Zitronenschale schaumig rühren. Grieß, Mehl und Backpulver unterziehen. Dann den Süzme Yoğurt zugeben und gut untermischen.
Mit einem Handmixer oder Schneebesen das Eiweiß mit einer Prise Salz steifschlagen (ca. 3–4 Minuten) und vorsichtig unter den Teig ziehen. Den Teig in die vorbereitete Form geben, gleichmäßig verteilen. Auf der Mittelschiene ca. 45 Minuten backen, bis er hell-goldbraun ist.
Kuchen aus dem Backofen nehmen und in 12 Quadrate schneiden. Den abgekühlten Sirup darübergießen und bei Zimmertemperatur auskühlen lassen. Vor dem Servieren mit Pistazien bestreuen. Mit Kaymak (S. 146), Schlagsahne oder frischen Beeren servieren.

Peynir Tatlisi

KÄSEKUCHEN
Für 6 Stück

Das ist eine Spezialität aus İzmir, und zwar aus der berühmten Konditorei Riza Aksüt, die gerade auch für die Käsekuchen bekannt ist. Ich mache sie mit weißem Käse (Feta), den man über Nacht in Wasser einweicht, um ihm das Salz zu entziehen.

250 g Feta
2 EL Zucker
6 EL Butterschmalz
3 Eier, zimmerwarm
125 g ungebleichtes Weizenmehl, gesiebt
4 EL Stärkemehl
1 ½ EL Backpulver
3 EL Sahne
Kaymak (S. 146)

Sirup

¾ l Wasser
500 g Zucker
1 EL Zitronensaft

Den Käse in 2 cm große Würfel schneiden und in heißem Wasser einweichen, innerhalb von 2 Stunden mehrmals das Wasser wechseln. Den mit Wasser bedeckten Käse über Nacht kalt stellen, um ihm das Salz zu entziehen.
Am nächsten Tag den Backofen auf 200 °C vorheizen und den Boden einer 35 x 45 cm großen und 3 cm tiefen Backform mit etwas Butter ausfetten.
Den Käse abtropfen lassen und ausdrücken. Käse kleinbröseln, indem man ihn durch einen Durchschlag drückt.
In einer Schüssel Zucker, Butter, Käse und Sahne gut vermengen. Die Eier nacheinander zugeben und gut verrühren. Mehl mit Backpulver und Stärkemehl zugeben und 1 Minute durcharbeiten, bis alle Zutaten gut vermengt sind. Nicht zu lange rühren.
Teig in einen großen Spritzbeutel mit weiter Sterntülle füllen und 6 runde Kuchen von etwa 10 cm Durchmesser auf die gefettete Backform spritzen. 25 Minuten backen, bis sie leicht gebräunt sind.
Inzwischen für den Sirup kaltes Wasser und Zucker 5 Minuten lang sprudelnd kochen, dann Hitze reduzieren

und den Sirup offen etwa 15 Minuten köcheln lassen. Zitronensaft einrühren und Sirup warm halten.
Die Käsekuchen aus dem Backofen nehmen, sofort mit 1 Tasse warmem Wasser begießen und mit einer anderen Form zudecken, sie darf die Kuchen nicht berühren. Ca. 2 Minuten ruhen lassen.

Die Kuchen mit etwas heißem Sirup begießen, dann einzeln aus der Form nehmen, umdrehen und die andere Seite mit Sirup begießen. Mehrmals wiederholen, bis der Sirup aufgebraucht ist. Die Kuchen zudecken und auf Zimmertemperatur abkühlen lassen. Zimmerwarm mit Kaymak (S. 146) servieren.

~ OBEN: Joghurtkuchen (S. 144)
RECHTS: Gebackener Hühnerbrustpudding (S. 148)
LINKS: Käsekuchen (S. 144)

Kaymak

EINGEDICKTE SAHNE

Für 12 Portionen

Diese gekochte Sahne wird traditionell aus Büffelmilch hergestellt, die viel fetter ist als Kuhmilch. Büffelmilch ist auch in der Türkei sehr rar geworden, deshalb verwendet man jetzt eine Mischung aus Kuh- und Schafsmilch. Ich habe das Rezept von der berühmten Konditorei Riza Aksüt in Izmir bekommen und für Sahne adaptiert. Das Resultat schmeckt ganz anders als echter Kaymak, aber es ist eine schöne Begleitung zu den Desserts. Eine weitere Spezialität İzmirs sind getrocknete Aprikosen, die in einem leichten Sirup pochiert und mit Kaymak gefüllt werden. Türkischer Kaymak ist in Dosen in türkischen Geschäften zu haben.

1 l Sahne in eine große, hochwandige Pfanne geben und zum Kochen bringen. Hitze reduzieren und die Sahne leise köcheln lassen. Dabei mit einem Holzlöffel rühren und ständig Sahne mit dem Löffel aus einer Höhe von 15–20 cm in die Pfanne laufen lassen. Das macht sie schaumig und hilft beim Eindicken. Machen Sie das 40–45 Minuten lang, bis die Sahne sich am Rand der Pfanne um gut 1 cm ausgedehnt hat.
Die Pfanne vom Herd nehmen, zudecken und bei Zimmertemperatur etwa 1 Stunde auskühlen lassen. Über Nacht in den Kühlschrank stellen, damit die Sahne fest wird.
Die Sahne vom Rand der Pfanne lösen und in 12 Stücke schneiden. Jedes Stück zu einer Rolle formen und servieren.

Sütlaç

REISPUDDING

Für 6 Portionen

Dieser Reispudding gehört ebenfalls zu den Leibspeisen meiner Gäste.

100 g Rundkornreis
1/2 l Wasser
1 l Milch
4 EL Sahne
180 g Zucker
3 EL Stärkemehl
1 Prise Salz
1 TL Vanillekristalle oder 1 EL Vanilleextrakt
gemahlener Zimt

Den Reis mit 1/2 l Wasser in einem mittelgroßen Topf auf großer Flamme zum Kochen bringen. Hitze reduzieren und 25 Minuten köcheln lassen, bis der Reis gar ist und das Wasser aufgenommen hat. Von der Milch 1/2 Tasse abnehmen, den Rest mit Sahne und Zucker unter den Reis rühren und alles zum Kochen bringen. Das Stärkemehl in der halben Tasse Milch verquirlen und unter ständigem Rühren langsam zur kochenden Reismasse geben.
Hitze auf mittlere Stufe reduzieren, eine Prise Salz und Vanillekristalle zugeben und 15 Minuten unter häufigem Rühren offen köcheln lassen. Die Masse in Portionsschalen füllen und abkühlen lassen. Mehrere Stunden in den Kühlschrank stellen. Mit gemahlenem Zimt bestreuen und servieren.

Variation: Den fertiggekochten Pudding in ofenfeste Portionsschalen geben und abkühlen lassen. Oberfläche dünn mit Zucker bestreuen und unter dem Grill hellbraun karamelisieren. Heiß oder gekühlt mit Zimt bestreut servieren.

~~~~~~~~~~~~~~~~~~~~~~

Keşkül

MANDELPUDDING
Für 6 Portionen

200 g Mandeln, abgezogen
1,25 l Milch
180 g Zucker
4 EL Sahne
1 Eigelb, verquirlt
3 EL Stärkemehl
1 Prise Salz
gemahlene Pistazien

Die Mandeln mit 0,3 l Milch in einen Mixer geben, 4 Minuten lang zu einer glatten Paste pürieren. Die Masse in einen mittelgroßen Topf geben und 0,8 l Milch, Zucker und Sahne zugeben. Zum Kochen bringen, dabei mit einem Holzlöffel rühren.
Das Stärkemehl mit der restlichen Milch glattrühren und langsam in die kochende Milchmischung geben, Hitze reduzieren und unter häufigem Rühren köcheln lassen.
Langsam 1 Tasse der heißen Mandelmilch unter das geschlagene Eigelb rühren, dann diese Mischung in den Topf zurückgeben. Salzen und ca. 10 Minuten köcheln lassen, bis die Masse eindickt.
In Portionsschalen gießen. Abkühlen lassen und mehrere Stunden kalt stellen. Mit gemahlenen Pistazien bestreuen und servieren.

~~~~~~~~~~~~~~~~~~~~~~

Gül Sulu Muhallebi

PUDDING MIT ROSENWASSER
Für 6 Portionen

Rosenwasser können Sie in türkischen oder asiatischen Geschäften kaufen. Achten Sie darauf, daß es reines Rosenwasser und zum Kochen – nicht für kosmetische Zwecke – bestimmt ist.

1,25 l Milch
200 g Zucker
1/8 l Sahne
1/8 l Rosenwasser
100 g Stärkemehl
gemahlener Zimt

In einem mittelgroßen Topf 1 l Milch, Zucker, Sahne und Rosenwasser unter Rühren langsam zum Kochen bringen. Das Stärkemehl mit der restlichen Milch verquirlen und zugeben. Hitze reduzieren und etwa 12 Minuten unter häufigem Rühren köcheln lassen, bis die Mischung eindickt.
In Portionsschalen füllen. Auf Zimmerwärme abkühlen lassen, dann mehrere Stunden kalt stellen. Den Pudding gekühlt mit gemahlenem Zimt servieren.

~~~~~~~~~~~~~~~~~~~~~~

Sakizli Muhallebi

MASTIXPUDDING
Für 6 Portionen

In der Türkei ist die Stadt Çeşme, die westlich von İzmir auf der Spitze einer Halbinsel gegenüber von Chios liegt, für ihre Produktion von Mastix berühmt. Mastix ist das Harz des immergrünen Mastixstrauchs, und sein Aroma kann sehr intensiv sein. Er wird nicht mitgegessen und wird, wenn die Milch aromatisiert ist, entfernt.

50 g Mastix
1,25 l Milch
200 g Zucker
1/8 l Sahne
100 g Stärkemehl
gemahlener Zimt

Den Mastix in ein kleines Stück Mulltuch geben und zu einem Beutel zubinden.
1 l Milch erhitzen, Mastix zugeben und zum Kochen bringen, 10 Minuten köcheln lassen. Mastix entfernen, Zucker und Sahne einrühren.
Die Stärke mit der restlichen Milch verquirlen und in die Milch rühren, Hitze reduzieren und etwa 3 Minuten köcheln lassen, bis die Masse eindickt.
In Portionsschalen gießen. Abkühlen lassen und mehrere Stunden kalt stellen. Den Pudding gekühlt mit Zimt bestreut servieren.
~~~~~~~~~~~~~~~~~~~~~~

Tavuk Göğsü Kazandibi

GEBACKENER HÜHNERBRUSTPUDDING
Für 12 Portionen

Ich habe dieses traditionelle osmanische Rezept hier aufgenommen, weil das Hühnerfleisch dem Pudding eine ungewöhnliche Konsistenz und ein interessantes Aroma gibt (das der »Ahnungslose« nicht als Huhn identifizieren kann). Der Pudding wird auf dem Herd gekocht, damit er eine schöne braune Karamelschicht bekommt.

300 g Hühnerbrust, ohne Haut und Knochen
2 l Milch
1/4 l Sahne
250 g Zucker
2 EL Orangenblüten- oder Rosenwasser
150 g Stärkemehl
1 Prise Salz
Puderzucker

Das Hühnerfleisch der Länge nach in ca. 1 cm dünne Streifen schneiden. In einem mittelgroßen Topf 1/2 l Wasser aufkochen, Hühnerfleisch zugeben und bei Mittelhitze etwa 3 Minuten kochen. Die Fleischstreifen abtropfen lassen, in eine Schüssel legen und mit kaltem Wasser bedecken. Das Huhn ca. 4 Stunden im Wasser ziehen lassen, Wasser häufig wechseln. Dieses Verfahren nimmt dem Fleisch den Hühnergeschmack.
Ein 25 x 40 cm große und 5 cm tiefe Backform mit etwas Butter ausstreichen, mit Zucker ausstreuen und bis zur Verwendung in den Kühlschrank stellen.
Die Fleischstreifen in kleine Stücke schneiden und zerbröseln, so daß sich das Hühnerfleisch in feine Fasern auflöst. In eine Schüssel geben und mit kaltem Wasser bedecken. In einem großen Topf 2 l Milch mit Zucker und Hühnerfleisch zum Kochen bringen. Orangenblüten- oder Rosenwasser zugeben. Das Stärkemehl mit 1/4 l Sahne verquirlen und unter ständigem Rühren in die kochende Flüssigkeit geben. Mit einer Prise Salz würzen und 2 Minuten kochen. Die Masse in die vorbereitete Backform geben und bei Mittelhitze auf dem Herd köcheln lassen. Mit einem breiten Spatel die Flüssigkeit an der Oberfläche hin und her bewegen, ohne den Boden zu berühren. Auf diese Weise wird der Pudding allmählich fest und bräunt an der Unterseite. Die Backform mehrmals ein Stück weit drehen, damit der Pudding gleichmäßig bräunt. Diese Prozedur dauert etwa 15 Minuten.
Den Pudding vom Feuer nehmen und auf Zimmertemperatur abkühlen lassen, dann mehrere Stunden kalt stellen, damit er fest wird.
Den Pudding mit einem scharfen Messer in 12 Stücke schneiden, mit dem Spatel herausheben und mit dem gebräunten Boden nach oben auf einen Teller legen. Mit Puderzucker bestreuen.

Kayisi Kompostosu

APRIKOSENKOMPOTT
Für 4–6 Portionen

750 g (ca. 16–18 Stück) frische Aprikosen, entkernt und halbiert
375 g Zucker
1/2 l kaltes Wasser
3/4 l Eiswürfel
1 EL Zitronensaft
frische Minzeblätter

12 Aprikosenhälften schälen, der Länge nach durchschneiden und beiseite stellen.
Zucker und Wasser 2 Minuten kochen, dann die übrigen Aprikosenhälften zugeben und 7 Minuten köcheln, bis die Früchte weich sind. Verunreinigungen abschöpfen.
Die gekochten Aprikosen mit dem Sirup durch ein Sieb in eine Schüssel passieren. Im Sieb zurückbleibende Fasern und Haut wegwerfen. Die beiseite gestellten Aprikosenstücke und die Eiswürfel in die Schüssel geben. 30 Minuten kalt stellen. In Portionsschalen verteilen, mit Minzeblättern dekorieren und servieren.

~ Aprikosenkompott

Üzüm Hoşafi

ROSINENKOMPOTT
Für 4–6 Portionen

Izmir, meine Geburtsstadt, ist berühmt für seine Rosinen. Dieses Rezept bedeutet mir sehr viel, weil es mich an die Winter in der Türkei erinnert, in denen wir dieses Kompott zwei- bis dreimal in der Woche bekamen. Es wird oft zum Hauptgang und zu Reispilaw serviert.

125 g Rosinen
375 g Zucker
1,2 l kaltes Wasser
12 ganze Nelken

Die Rosinen 20 Minuten in warmem Wasser einweichen. Abtropfen lassen.
Zucker und Wasser in einem mittelgroßen Topf 2 Minuten lang sprudelnd kochen. Rosinen und Nelken zugeben, 8 Minuten simmern lassen. Nelken entfernen und wegwerfen. Das Kompott auf Zimmertemperatur abkühlen lassen und mindestens 1 Stunde kalt stellen.

Türk Kahvesi

TÜRKISCHER KAFFEE
Für 2 Portionen

Türkischen Kaffee macht man am besten in einer CEZVE, einem kleinen, langstieligen Topf. Wenn Sie keine haben, nehmen Sie statt dessen einen sehr kleinen Topf. Das Kaffeepulver und der Zucker werden mit dem Wasser gekocht und nicht abgesiebt; sie setzen sich auf dem Boden der Kaffeetasse ab. In der Türkei liest man aus diesem Satz die Zukunft …

2 EL mittelstark gerösteter türkischer Kaffee, fein gemahlen
2 TL Zucker oder nach Geschmack
0,2 l Wasser

Kaffee, Zucker und Wasser in einer Cezve verrühren, bei geringer Hitze langsam zum Kochen bringen und kochen, bis sich Schaum an der Oberfläche bildet.
Die Cezve vom Feuer nehmen und den Schaum vorsichtig in 2 kleine Tassen gießen. Die Cezve wieder aufs Feuer stellen und den Kaffee noch einmal aufkochen lassen, in die Tassen gießen und servieren. Den Satz, der sich in der Tasse bildet, nicht mittrinken.

Türk Çayi

TÜRKISCHER TEE
Für 4 Portionen

Türkischer Tee wird mit einem CAYDANLIK zubereitet, einer Art Samowar aus zwei Kannen, einer großen und einer kleinen, die auf die große gesetzt wird. Serviert wird der Tee traditionell in kleinen Gläsern mit einigen Zuckerwürfeln. Türkischen Tee bekommen Sie in türkischen Läden.

1/2 l Wasser
4 EL Teeblätter
6 Scheiben Zitrone (optional)

Kaltes Wasser in die große Kanne geben, die Teeblätter in die kleine. Deckel aufsetzen und das Wasser zum Kochen bringen. Hitze reduzieren, so daß das Wasser 5 Minuten lang simmert.
Die Hälfte des kochenden Wassers über die Teeblätter gießen. Kleines Kännchen zudecken und den Tee 10 Minuten ziehen lassen. Etwas von der Infusion in ein Glas geben und mit kochendem Wasser verdünnen (etwa zu gleichen Teilen). Nach Belieben zuckern und mit Zitronenscheiben servieren.

Ayran

JOGHURTGETRÄNK
Für 6 Portionen

Ayran, ein erfrischendes säuerliches Getränk, ist in der ganzen Türkei beliebt, besonders im Sommer. In manchen Dörfern wird er in großen Holzfässern hergestellt und aufgeschlagen, um ihn schaumig zu machen. Ayran wird zu Kebab, Köfte und anderen Fleischgerichten sowie zu Böreks und Pilaws getrunken.

1 l Joghurt
$^1/_4$ l zerstoßenes Eis
Salz

Den Joghurt mit dem zerstoßenen Eis in eine Schüssel geben und $^3/_8$ l kaltes Wasser zugeben. Mit Salz abschmecken. Den Joghurt schlagen, bis er schaumig ist, und servieren. Man kann das Getränk auch in einem Mixer machen.

Vişne Şerbeti

SAUERKIRSCHENGETRÄNK
Für 6 Portionen

750 g frische Sauerkirschen
400 g Zucker
1,2 l Wasser

Zucker mit Wasser in einem mittelgroßen Topf auf kleiner Flamme unter Rühren erhitzen, bis der Zucker sich aufgelöst hat. Die Kirschen zugeben und ca. 20 Minuten köcheln lassen. Mit einem Schaumlöffel die Kirschen herausnehmen und in einem Sieb den noch enthaltenen Saft ausdrücken. Die Reste wegwerfen. Den Saft mindestens 30 Minuten kalt stellen und mit zerstoßenem Eis servieren.

Gül Suyu Şerbeti

ROSENWASSERGETRÄNK
Für 6 Portionen

750 g rote oder rosa Rosenblätter, duftend und pestizidfrei
1,2 l Wasser
400 g Zucker
2 EL Zitronensaft
1 EL Pinienkerne

Die Rosenblätter unter fließendem kaltem Wasser waschen und mit 1,2 l Wasser, Zucker und Zitronensaft 20 Minuten köcheln lassen. Den Topf zudecken und 4–6 Stunden kühl stellen.
Die Pinienkerne in einem kleinen Topf auf großer Hitze goldbraun rösten.
Den Rosensud durch doppelt gelegtes Mulltuch abseihen. Auf 6 Tassen verteilen, die gerösteten Pinienkerne dazugeben.
Variation: Statt Rosenblättern und 1,2 l Wasser können Sie $^1/_4$ l reines Rosenwasser (in Flaschen angeboten) und 1 l Wasser nehmen.

~ OBEN: Rosenwassergetränk
NÄCHSTE SEITE: Türkischer Kaffee (S. 150), mit Lokum serviert, und Baklava (S. 137)

Danksagung

Mein herzlicher Dank gilt meiner Lektorin Isabelle Bleecker und dem gesamten Team bei Periplus Editions. Dank an Carl Tremblay, dem hervorragenden Fotografen und seiner Crew, Jill Winitzer für ihr schönes Buchdesign und George Simons für sein besonderes Händchen in der Küche. Besonderer Dank geht an Nancy Anthony, die mir in sämtlichen Stadien dieses Buches half, und nicht zuletzt möchte ich mich bei meiner ausgezeichneten Küchenmannschaft bedanken.

Der Verlag möchte allen danken, die die Dekoration für die Fotos zur Verfügung gestellt haben: Alianza Contemporary Crafts, Boston, und der Künstlerin Eileen Jager; Bean's Gallery, Brookline, Massachusetts, und der Künstlerin Kay Young, County Floors Inc. für Keramikfliesen, Crate & Barrel; der Künstlerin Alev Danis für ihre handgemachten Teller aus der Shake the Tree Gallery, Brookline, Massachusetts, und ihre schönen Mosaiken; The Denby Pottery Company in Freeport, Maine; Kitchen Arts, Boston; Maxwell's Pottery Outlet in Freeport, Maine; Mohr & McPherson, Cambridge, Massachusetts; Newbury Imports, Boston; Pottery Barn; La Ruche, Boston; The Society of Arts and Crafts, Boston, und den Künstlern Karen Futral und Joe Spoon; Stone's Throw Gallery, Brookline, Massachusetts, und den Künstlern Janet Albert und Lynn Latimer; und ganz besonderer Dank an Mari Quirk von Associated Quirks für ihre schönen Hintergründe und Oberflächen.

Der Verlag möchte auch den folgenden Personen für ihre liebevolle Unterstützung bei der Zusammenstellung dieses Buchs danken: Madeleine Bleecker, Maggie Carr, Andrea Chesman, Lea Cohen, Jill Feron, Kim Frazee, Beth Ann Gerstein, Jessica Gallagher von Crate & Barrel, Kim Grogan, Paula Kesseli, Katie King, Marion Klausner, Steve Lamont, Janet McHugh, Deane Norton, Cecil und Arline Ross, Kathryn Sky-Peck, Edana Spicker, David VanLuven, Pat VanWagoner, Roberta und Al Winitzer.

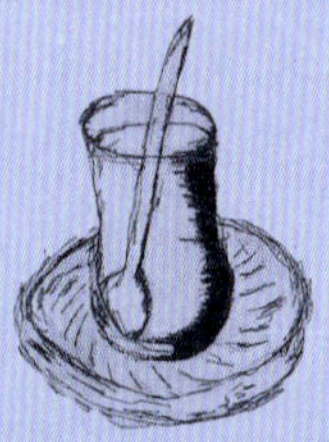

Register